# Anne Wilson

# Schnelle
## RÜHR-
# KUCHEN

KÖNEMANN

# Schnelle Rührkuchen

Wer liebt ihn nicht, den Duft frisch gebackenen Kuchens? Die meisten von uns glauben jedoch, Kuchenbacken sei eine zeitaufwendige Angelegenheit, die Können und Geschick voraussetzt. Das muß nicht sein. Wenn Sie eine Rührschüssel, einen Holzlöffel und ein paar Zutaten im Haus haben, kann es losgehen.

## Schokoladenkuchen mit saurer Sahne

*Zubereitungszeit: 15 Min.*
*Backzeit: 35–40 Min.*
*Für 1 Napfkuchen- oder Ringform*

250 g feiner Zucker
215 g Mehl, *vermischt mit*
2 TL Backpulver
85 g Kakaopulver
1 TL Natron
60 ml Pflanzenöl
185 g saure Sahne
170 ml Wasser
2 Eier

**1.** Ofen auf 180 °C vorheizen. Eine Napfkuchen- oder Ringform (Ø 22 cm) mit zerlassener Butter oder Öl einpinseln.
**2.** Alle Zutaten in der Küchenmaschine in kurzen Intervallen zu einer glatten Masse verrühren.
**3.** Den Teig anschließend in die vorbereitete Form füllen und glattstreichen. 35–40 Minuten backen. Zur Überprüfung, ob der Kuchen fertig ist, ein Holzstäbchen in die Mitte des Teiges stecken. Bleibt es beim Herausziehen sauber, ist er durchgebacken. Den Kuchen zunächst 10 Minuten in der Form ruhen lassen. Dann zum Abkühlen auf ein Kuchengitter stürzen. Je nach Wunsch mit Schokoladenguß de luxe (siehe Seite 63) verzieren.

**Hinweis:** Dieser Kuchen schmeckt besonders köstlich, wenn er als Nachtisch mit frisch geschlagener Sahne oder mit Eiscreme und verschiedenen frischen Beeren serviert wird.

*Schokoladenkuchen mit saurer Sahne*

❖ Schnelle Rührkuchen ❖

## ❖ Schnelle Rührkuchen ❖

❖ SCHNELLE RÜHRKUCHEN ❖

## Lebkuchen mit getrockneten Datteln

*Zubereitungszeit: 25 Min.*
*Backzeit: 50–60 Min.*
*Für 1 rechteckige Backform*

125 g Butter
260 g Rohrzuckersirup
250 g feiner Zucker
250 g Mehl, gesiebt
1 TL Natron
3 TL gemahlener Ingwer
1 TL Gewürzmischung
¹/₄ TL gemahlene Gewürznelken
2 Eier
250 ml Milch
280 g getrocknete Datteln, entsteint und gehackt

**1.** Ofen auf 160 °C vorheizen. Eine rechteckige Back- oder Gratinform (ca. 20 x 30 cm) leicht einfetten. Boden und Ränder mit Backpapier auslegen.
**2.** Butter und Sirup in einen großen Topf geben. Bei kleiner Flamme unter ständigem Rühren zum Schmelzen bringen. Achten Sie darauf, daß die Masse nicht aufkocht. Anschließend Zucker, Mehl, Natron, Gewürze, Eier und Milch zugeben und zu einer glatten Masse verrühren.
**3.** Gehackte Datteln gleichmäßig auf dem Boden der Backform verteilen, den Teig darüber geben. 50–60 Minuten backen. Der Kuchen ist fertig, wenn man ein Holzstäbchen hineinsteckt und dies beim Herausziehen sauber bleibt. Anschließend 5 Minuten ruhen lassen, dann zum Auskühlen auf ein Kuchengitter stürzen. Mit Puderzucker bestäuben; kalt oder warm servieren.

## Zitronen-Kokos-Kuchen

*Zubereitungszeit: 20 Min.*
*Backzeit: 40 Min.*
*Für 1 Springform*

185 g Mehl, vermischt mit
1¹/₂ TL Backpulver
45 g Kokosraspel
1 EL geriebene Zitronenschale
250 g feiner Zucker
125 g Butter, geschmolzen
2 Eier
250 ml Milch

**Kokosnuß-Guß**
185 g Puderzucker, gesiebt
90 g Kokosraspel
¹/₂ TL geriebene Zitronenschale
60 ml Zitronensaft

**1.** Ofen auf 180 °C vorheizen. Eine Springform (Ø 22 cm) mit zerlassener Butter oder Öl einpinseln. Boden und Rand mit Backpapier auslegen.
**2.** Mit Backpulver vermischtes Mehl, Kokosraspel, Zitronenschale, Zucker, Butter, Eier und Milch in einer großen Schüssel mischen und mit einem Holzlöffel zu einer glatten Masse verrühren.
**3.** Den Teig in die Form füllen, 40 Minuten backen. Der Kuchen ist fertig, wenn man ein Holzstäbchen in die Mitte steckt und dies beim Herausziehen sauber bleibt. Den Kuchen 3 Minuten ruhen lassen, dann zum Auskühlen auf ein Kuchengitter stürzen. Mit Kokosnuß-Guß überziehen.
**4. Für den Kokosnuß-Guß:** Puderzucker und Kokosraspel in einer Schüssel mischen. Zitronenschale dazugeben. Nach und nach soviel Zitronensaft zugießen, daß ein dickflüssiger Zuckerguß entsteht. Unsere Abbildung zeigt den Zitronen-Kokos-Kuchen verziert mit kandierten Zitronenscheiben.

---

*Zitronen-Kokos-Kuchen (oben) und Lebkuchen mit getrockneten Datteln*

❖ SCHNELLE RÜHRKUCHEN ❖

## Kürbiskranz mit Kardamom

*Zubereitungszeit:*
*20 Min.*
*Backzeit: 40 Min.*
*Für 1 Kranzform*

*125 g weiche Butter*
*100 g brauner Zucker*
*2 Eier*
*150 g Mehl, vermischt mit*
*1 1/2 TL Backpulver*
*1 1/2 TL gemahlener Kardamom*
*185 g Kürbis, gekocht, püriert und erkaltet*
*2 EL Rohzuckersirup*
*100 g Datteln, entsteint und gehackt*

1. Ofen auf 180 °C vorheizen. Eine Kranzform (Ø 22 cm) einfetten.
2. Alle Zutaten in eine große Schüssel geben und mit dem elektrischen Rührgerät auf niedrigster Stufe gut vermischen. Die Geschwindigkeit erhöhen und auf mittlerer Stufe weitere 2 Minuten kneten, bis eine glatte Masse entstanden ist und der Teig seine Farbe verändert.
3. Den Teig in die vorbereitete Form füllen und mit einem Spatel glattstreichen. 40 Minuten backen. Vor dem Herausnehmen die Stäbchenprobe durchführen: Der Kuchen ist fertig, wenn man ein Holzstäbchen in die Mitte steckt und dies beim Herausziehen sauber bleibt. Den Kuchen zunächst ca. 5 Minuten in der Form ruhen lassen, bevor er zum Auskühlen auf ein Kuchengitter gestürzt wird. Je nach Geschmack kann man den Kürbiskranz mit Puderzucker bestäuben oder mit einer Glasur (siehe Seite 61) überziehen.

## Aprikosen-Kokos-Rolle

*Zubereitungszeit:*
*30 Min.*
*Backzeit: 50 Min.*
*Für 1 Rehrückenform*

*125 g getrocknete Aprikosen, gehackt*
*125 g weiche Butter*
*185 g feiner Zucker*
*2 Eier*
*185 g Mehl, vermischt mit*
*1 1/2 TL Backpulver*
*25 g Kokosraspel*
*80 ml Milch*

1. Aprikosen mit kochendem Wasser übergießen und 20 Minuten einweichen. Danach gut abtropfen lassen. Ofen auf 180 °C vorheizen. Eine Rehrückenform einfetten.
2. Die restlichen Zutaten in eine große Schüssel geben und mit dem elektrischen Rührgerät bei niedrigster Geschwindigkeit gut vermischen. Dann die Geschwindigkeit erhöhen und auf mittlerer Stufe weitere 2 Minuten schlagen, bis eine glatte Masse entstanden ist und der Teig seine Farbe verändert. Anschließend die Aprikosen unterheben.
3. Den Teig in die vorbereitete Form füllen und 50 Minuten backen. Vor dem Herausnehmen die Stäbchenprobe durchführen: Der Kuchen ist fertig, wenn man ein Holzstäbchen in die Mitte steckt und dies beim Herausziehen sauber bleibt. Den Kuchen zunächst ca. 10 Minuten in der Form ruhen lassen. Dann zum Auskühlen auf ein Kuchengitter stürzen. Anschließend aufschneiden und noch warm oder kalt servieren.

**Hinweis:** Sie können an Stelle der getrockneten Aprikosen auch kandierte Aprikosen oder Pfirsiche verwenden.

---

*Kürbiskranz mit Kardamom (oben)*
*und Aprikosen-Kokos-Rolle*

❖ Schnelle Rührkuchen ❖

❖ SCHNELLE RÜHRKUCHEN ❖

❖ SCHNELLE RÜHRKUCHEN ❖

## Runde Küchlein mit saurer Sahne

*Zubereitungszeit:*
*25 Min.*
*Backzeit: 15–20 Min.*
*Ergibt 24 Stück*

150 g Butter
125 g feiner Zucker
2 Tropfen Vanillearoma
2 Eier, leicht geschlagen
160 g Sauerrahm
150 g Mehl, vermischt mit
1 1/2 TL Backpulver
45 g Reismehl

**1.** Ofen auf 180 °C vorheizen. 2 Muffinbleche mit je 12 Vertiefungen mit Kuchenförmchen aus Papier auslegen.
**2.** Butter und Zucker in einer großen Schüssel schaumig schlagen. Nach und nach Vanillearoma und Eier unterrühren.
**3.** Mit einem Metalllöffel die saure Sahne, das mit Backpulver vermischte und gesiebte Mehl sowie das Reismehl unterheben, bis ein glatter Teig entstanden ist.
**4.** Den Teig gleichmäßig in die Förmchen der Muffin-Bleche füllen. 15–20 Minuten goldbraun backen. Bei ein paar Küchlein die Stäbchenprobe durchführen. Sie sind durchgebacken, wenn das Holzstäbchen beim Herausziehen sauber bleibt. Auf ein Kuchengitter stürzen und auskühlen lassen. Je nach Geschmack mit Zitronenglasur überziehen (siehe Seite 61) und z. B. mit Marzipanblumen dekorieren.

## Bananen-Nuß-Brot

*Zubereitungszeit:*
*20 Min.*
*Backzeit: 1 Std.*
*Für 1 Kastenform*

125 g weiche Butter
200 g brauner Zucker, plus
   1 EL zusätzlich
3 Eier
225 g Vollkornmehl, vermischt mit
2 TL Backpulver
45 g Kokosraspel, plus
   2 TL zusätzlich
160 g Banane, zerdrückt
125 ml Milch
35 g ungesalzene Macadamianüsse, geröstet und gehackt
1/2 TL Gewürzmischung

**1.** Ofen auf 180 °C vorheizen. Eine Kastenform (25 cm) einfetten und den Boden mit Backpapier auslegen.
**2.** Butter, 200 g Zucker, Eier, mit Backpulver vermischtes Mehl, 45 g Kokosraspel, Banane und Milch in eine Schüssel geben und mit dem elektrischen Rührgerät auf niedrigster Stufe gut vermischen. Die Geschwindigkeit steigern und auf mittlerer Stufe weitere 2 Minuten schlagen, bis eine glatte Masse entstanden ist und der Teig seine Farbe verändert.
**3.** Die Hälfte des Teiges in die Form geben. Die Nüsse mit der Gewürzmischung, dem restlichen Zucker und den Kokosraspel vermischen. Die Hälfte davon auf dem Teig verteilen. Darauf den übrigen Teig geben und glattstreichen. Mit der restlichen Mischung bestreuen. 1 Stunde backen. Der Kuchen ist fertig, wenn man ein Holzstäbchen in die Mitte steckt und dies beim Herausziehen sauber bleibt. Während des Backvorgangs Kuchen eventuell mit Alufolie abdecken, wenn die Oberfläche zu braun wird.

**Hinweis:** Für dieses Rezept nur sehr reife Bananen verwenden. Sie verleihen dem Kuchen einen süßeren Geschmack und eine lockerere Konsistenz.

---

*Runde Küchlein mit saurer Sahne (oben)*
*und Bananen-Nuß-Brot*

## Früchtebrot

*Zubereitungszeit:*
 *15 Min.*
*Einweichzeit: 15 Min.*
*Backzeit: 50 Min.*
*Für 1 Kastenform*

*280 g getrocknetes Obst, gehackt (siehe Hinweis)*
*60 g Rosinen*
*70 g Kleie*
*100 g brauner Zucker*
*375 ml Milch*
*185 g Mehl, vermischt mit*
*1 1/2 TL Backpulver*
*ganze Mandeln, abgebrüht*

**1.** Eine Kastenform (25 cm) mit geschmolzener Butter oder Öl leicht einfetten. Boden mit Backpapier auslegen. Getrocknetes Obst, Rosinen, Kleie, Zucker und Milch in einer großen Schüssel mischen und verrühren. Mindestens 15 Minuten ziehen lassen.
**2.** Ofen auf 180 °C vorheizen. Mit Backpulver vermischtes und gesiebtes Mehl zu der Mischung geben und gut verrühren. Teig in die vorbereitete Form füllen und glattstreichen. Mit den Mandeln dekorieren. 45–50 Minuten backen. Der Kuchen ist fertig, wenn man ein Holzstäbchen in die Mitte steckt und dies beim Herausziehen sauber bleibt.

Ca. 5 Minuten ruhen lassen. Zum Auskühlen auf ein Kuchengitter stürzen. Nach Geschmack die Scheiben mit Butter bestreichen oder toasten.

**Hinweis:** Sie können getrocknetes Obst in jeder Kombination verwenden.

## Zitronen-Polenta-Kuchen

*Zubereitungszeit:*
 *30 Min.*
*Backzeit: 40 Min.*
*Für 1 Springform*

*250 g Butter*
*250 g feiner Zucker*
*45 g Zitronenschale, gerieben*
*2 Tropfen Vanillearoma*
*3 Eier*
*2 EL frisch gepreßter Zitronensaft*
*230 g gemahlene Mandeln*
*150 g Polenta*
*30 g Mehl, vermischt mit*
*1/3 TL Backpulver*

**1.** Ofen auf 180 °C vorheizen. Eine Springform (Ø 22 cm) mit geschmolzener Butter oder Öl einpinseln. Boden und Rand mit Backpapier auslegen. Mit dem elektrischen Rührgerät Butter und

Zucker in einer großen Schüssel schaumig schlagen. Zitronenschale und Vanillearoma zugeben und gut verrühren.
**2.** Jedes Ei einzeln zugeben und solange schlagen, bis es sich vollständig mit dem Teig vermischt hat. Die Mischung sieht zu diesem Zeitpunkt wie geronnen aus. Zitronensaft, Mandeln, Polenta, mit Backpulver vermischtes Mehl und eine Prise Salz zugeben und zu einer glatten Masse verrühren. Den Teig in die vorbereitete Form füllen und glattstreichen. 40 Minuten backen. Der Kuchen ist fertig, wenn man ein Holzstäbchen in die Mitte steckt und dies beim Herausziehen sauber bleibt.
**3.** Den Kuchen zunächst 10 Minuten in der Form ruhen lassen. Dann zum Auskühlen auf ein Kuchengitter stürzen. Nach Wunsch mit Zitronensirup (Seite 58) beträufeln oder in Stücke schneiden und noch warm mit Eiscreme oder geschlagener Sahne servieren.

**Hinweis:** Kann in einem luftdicht verschlossenen Gefäß bis zu 3 Tagen aufbewahrt und in der Mikrowelle erwärmt werden.

---

*Früchtebrot (oben)*
*und Zitronen-Polenta-Kuchen*

❖ Schnelle Rührkuchen ❖

❖ SCHNELLE RÜHRKUCHEN ❖

❖ SCHNELLE RÜHRKUCHEN ❖

## Bananen-Gewürz-kuchen

*Zubereitungszeit:
20 Min.
Backzeit: 1 Std.
Für 1 quadratische Backform*

180 g Butter
100 g Rohrzuckersirup
230 g brauner Zucker
2 Eier
300 g Banane, zerdrückt
350 g Mehl, vermischt mit
3½ TL Backpulver
1 TL Natron
1 EL gemahlener Ingwer
2 TL Gewürzmischung
¼ TL gemahlene Gewürznelken
2 EL Milch

**1.** Ofen auf 180 °C vorheizen. Eine quadratische Backform (ca. 23 cm) einfetten. Boden und Ränder mit Backpapier auslegen.
**2.** Butter, Sirup und Zucker in einer Schüssel cremig schlagen. Eier einzeln gut unterrühren. Banane zugeben und mit dem Teig verrühren. Mit Backpulver vermischtes und gesiebtes Mehl mit Natron und den Gewürzen mischen und abwechselnd mit der Milch unter den Teig rühren.

*Bananen-Gewürzkuchen (oben)
und Apfel-Zimt-Kuchen*

**3.** Den Teig in die vorbereitete Form füllen und glattstreichen. 55 Minuten backen. Zur Überprüfung, ob der Kuchen fertig ist, ein Holzstäbchen in die Mitte stecken. Bleibt es beim Herausziehen sauber, ist er durchgebacken. Den Kuchen ca. 3 Minuten ruhen lassen. Zum Auskühlen auf ein Kuchengitter stürzen. Mit Zitronen-Ingwer-Glasur (Seite 61) bestreichen und mit eingelegtem oder kandiertem, gehacktem Ingwer dekorieren.

## Apfel-Zimt-Kuchen

*Zubereitungszeit:
25 Min.
Backzeit: 45 Min.
Für 1 Springform*

185 g Butter
160 g feiner Zucker
3 Eier
185 g Mehl, vermischt mit
1½ TL Backpulver
1 TL gemahlener Zimt
80 ml Milch
1 Apfel, geschält, entkernt und kleingeschnitten
2 TL Zucker
2 EL Orangenmarmelade

**1.** Ofen auf 180 °C vorheizen. Eine Springform (Ø 22 cm) mit zerlassener Butter oder Öl einpinseln. Boden und Rand mit Backpapier auslegen.
**2.** Butter, feinen Zucker, Eier, mit Backpulver vermischtes Mehl, Zimt und Milch in einer Schüssel mischen. Mit dem elektrischen Rührgerät auf niedrigster Stufe 1 Minute schlagen. Allmählich auf mittlere Geschwindigkeit erhöhen und weitere 3 Minuten schlagen, bis eine glatte Masse entstanden ist und der Teig seine Farbe verändert.
**3.** Den Teig in die Form füllen und glattstreichen. Apfelstückchen darüber verteilen und mit dem restlichen Zucker bestreuen. 45 Minuten backen. Zur Überprüfung die Stäbchenprobe durchführen: Der Kuchen ist fertig, wenn man ein Holzstäbchen in die Mitte steckt und dies beim Herausziehen sauber bleibt. Den Kuchen ca. 3 Minuten ruhen lassen, bevor er zum Abkühlen auf ein Kuchengitter gestürzt wird.
**4.** Die Marmelade in einem kleinen Topf oder in der Mikrowelle erhitzen, bis sie anfängt flüssig zu werden. Den noch warmen Kuchen damit bestreichen und vor dem Servieren gut auskühlen lassen.

❖ SCHNELLE RÜHRKUCHEN ❖

## Orangen-Mohn-Kuchen

*Zubereitungszeit: 30 Min.*
*Backzeit: 1 Std.*
*Für 1 Springform*

185 g Mehl, vermischt mit
1½ TL Backpulver
60 g gemahlene Mandeln
3 EL Mohn, gequetscht
185 g Butter
160 g feiner Zucker
80 g Orangen- oder Aprikosenmarmelade
2–3 TL feingeriebene Orangenschale
80 ml Orangensaft
3 Eier

**Zuckerguß**
100 g Butter
100 g Frischkäse
125 g Puderzucker, gesiebt
1–2 TL frisch gepreßter Zitronensaft oder 2–4 Tropfen Vanillearoma

**1.** Ofen auf 180 °C vorheizen. Eine Springform (Ø 22 cm) mit zerlassener Butter oder Öl einpinseln. Boden und Rand mit Backpapier auslegen. Das mit Backpulver vermischte Mehl in eine große Schüssel sieben, Mandeln und Mohn dazugeben. In die Mitte eine Mulde drücken.
**2.** Butter, Zucker, Marmelade, Orangenschale und -saft in einen Topf geben. Butter unter Rühren bei schwacher Hitze zum Schmelzen bringen, bis eine glatte Masse entstanden ist. Anschließend mit dem elektrischen Rührgerät nach und nach unter die Mehlmischung rühren und zu einem glatten Teig verarbeiten. Die Eier zugeben und gut mit dem Teig verrühren.
**3.** Die Mischung in die vorbereitete Form füllen. 50–60 Minuten backen. Zur Überprüfung, ob der Kuchen gut ist, ein Holzstäbchen in die Mitte des Teiges stecken. Bleibt es beim Herausziehen sauber, ist er durchgebacken. Den Kuchen für mindestens 15 Minuten ruhen lassen. Dann zum Auskühlen auf ein Kuchengitter stürzen.
**4. Für den Zuckerguß:** Butter und Frischkäse mit dem elektrischen Rührgerät glattrühren. Nach und nach Puderzucker und Zitronensaft bzw. Vanillearoma zugeben und dick-cremig schlagen. Guß auf den abgekühlten Kuchen streichen. Wenn Sie mögen, mit dünnen Streifen Orangenschale verzieren.

**Hinweis:** Eine ebenso köstliche Alternative ist, den Kuchen mit Zitronensirup (siehe Seite 58) zu beträufeln. Gießen Sie dabei den abgekühlten Sirup über den noch warmen Kuchen.

## Gewürzkuchen mit Pekannüssen

*Zubereitungszeit: 20 Min.*
*Backzeit: 55 Min.*
*Für 1 Kastenform*

125 g Mehl
150 g Vollkornmehl
1 Tl Natron
jeweils ½ TL gemahlener Zimt, Gewürzmischung und gemahlener Ingwer
60 g gehackte Pekannüsse
50 g brauner Zucker
125 g Butter, geschmolzen
235 g Honig
1 EL geriebene Orangenschale
125 ml frisch gepreßter Orangensaft
1 Ei, leicht geschlagen

**1.** Ofen auf 160 °C vorheizen. Eine Kastenform (25 cm) leicht einfetten und den Boden mit Backpapier auslegen.
**2.** Mehl, Vollkornmehl, Natron und Gewürze in eine große Schüssel sieben; Spelzen anschließend wieder mit hineingeben. Pekannüsse und Zucker unterrühren. Mit einem Holzlöffel die restlichen Zutaten gut untermischen.

❖ SCHNELLE RÜHRKUCHEN ❖

*Orangen-Mohn-Kuchen (oben) und Gewürzkuchen mit Pekannüssen*

**3.** Den Teig in die Form füllen. 55 Minuten backen. Zur Überprüfung, ob der Kuchen fertig ist, ein Holzstäbchen in die Mitte des Teiges stecken. Bleibt es beim Herausziehen sauber, ist er durchgebacken. Den Kuchen zunächst ca. 3 Minuten ruhen lassen. Dann zum Auskühlen auf ein Kuchengitter stürzen. Nach Geschmack mit Zitronenbuttercreme (siehe Seite 60) bestreichen oder die Scheiben mit Butter servieren.

❖ SCHNELLE RÜHRKUCHEN ❖

## Orangen-Rosinen-Kuchen

*Zubereitungszeit: 20 Min.*
*Backzeit: 35 Min.*
*Für 1 Napfkuchenform*

150 g Mehl
150 g Vollkornmehl
3 TL Backpulver
$^1/_4$ TL Natron
230 g brauner Zucker
200 g Rosinen, gehackt
1 EL geriebene Orangenschale
80 ml frisch gepreßter Orangensaft
125 g Butter, geschmolzen
250 g Naturjoghurt
2 Eier, leicht geschlagen
Puderzucker zum Bestäuben

**1.** Ofen auf 180 °C vorheizen. Eine Napfkuchen- oder Ringform (Ø 22 cm) mit zerlassener Butter oder Öl einpinseln. Mehl, Vollkornmehl, Backpulver und Natron in eine große Schüssel sieben und vermischen; Spelzen anschließend wieder dazugeben.
**2.** Zucker, Rosinen und Orangenschale zugeben; gut verrühren. Orangensaft, Butter, Joghurt und Eier mit einem Holzlöffel unterrühren und gut miteinander vermischen.

**3.** Den Teig in die vorbereitete Form füllen und mit einem Spatel glattstreichen. 35 Minuten backen. Vor dem Herausnehmen die Stäbchenprobe durchführen: Der Kuchen ist fertig, wenn das Stäbchen beim Herausziehen aus der Mitte des Teiges sauber bleibt. Den Kuchen ca. 3 Minuten ruhen lassen. Dann zum Auskühlen auf ein Kuchengitter stürzen. Mit Puderzucker bestäubt servieren.

## Pekannuß-Karamel-Kuchen

*Zubereitungszeit: 20 Min.*
*Backzeit: 1 Std.*
*Für 1 Springform*

300 g Butter
300 g brauner Zucker
180 g Pekannußhälften
2 Eier
1 EL Rohrzuckersirup
180 g Mehl, vermischt mit 1$^1/_2$ TL Backpulver
125 ml Milch

**1.** Ofen auf 180 °C vorheizen. Eine Springform (Ø 22 cm) einfetten. Boden und Rand mit Backpapier auslegen.

**2.** 45 g Butter bei Zimmertemperatur weich werden lassen. Mit 80 g Zucker in eine kleine Schüssel geben; zu einer glatten, cremigen Masse verrühren und auf den Boden der Form streichen. Pekannußhälften mit der flachen Seite nach oben gleichmäßig darauf anordnen.
**3.** Restliche Butter und Zucker mit den Eiern, dem Sirup, dem mit Backpulver vermischten und gesiebten Mehl und der Milch in eine Schüssel füllen. Mit dem elektrischen Rührgerät auf niedrigster Stufe solange schlagen, bis sich alle Zutaten miteinander vermischt haben. Bei mittlerer Geschwindigkeit den Teig glattrühren, bis er seine Farbe verändert.
**4.** Anschließend in die vorbereitete Form füllen und mit einem Spatel glattstreichen. 1 Stunde backen. Zur Überprüfung, ob der Kuchen fertig ist, die Stäbchenprobe durchführen: Er ist gut, wenn man ein Holzstäbchen in die Mitte steckt und dies beim Herausziehen sauber bleibt. Den Kuchen ca. 5 Minuten ruhen lassen, bevor er zum Auskühlen auf ein Kuchengitter gestürzt wird. Der Pekannußkuchen kann warm oder kalt serviert werden.

---

*Orangen-Rosinen-Kuchen (oben) und Pekannuß-Karamel-Kuchen*

## Italienische Schokoladenterrine

*Zubereitungszeit:*
*15 Min.*
*Kühlzeit: 5 Std.*
*Backzeit: keine*
*Für 1 Springform*

*200 g dunkle Schokolade, gehackt*
*200 g Butter*
*2 Eier*
*140 g Trockenobst (Pfirsiche, Aprikosen, Datteln und Pflaumen, entsteint und grobgehackt)*
*35 g Haselnüssse, grobgehackt*
*125 g Butterkekse, in kleine Stücke gebrochen*

**1.** Eine Springform (Ø 22 cm) leicht einfetten. Boden und Rand mit Backpapier auslegen.
**2.** Schokolade und Butter in eine kleine feuerfeste Schüssel geben. In einen Topf mit köchelndem Wasser setzen und unter ständigem Rühren zum Schmelzen bringen.
**3.** Leicht abkühlen lassen, dann die Eier unterrühren. Trockenobst, Haselnüsse und Keksstückchen unterziehen und gut vermischen. In die Form geben und glattstreichen. Für 5 Stunden im Kühlschrank fest werden lassen.

**4.** In kleine Stücke schneiden und mit Eiscreme oder geschlagener Sahne servieren.

**Hinweis:** Man kann auch eine Obstkuchenform mit gerilltem Rand (Ø 22 cm) verwenden. Sie muß jedoch gut eingefettet sein.

## Tutti-Frutti-Kuchen

*Zubereitungszeit:*
*20 Min.*
*Backzeit: 45 Min.*
*Für 1 Springform*

*125 g Butter*
*125 g feiner Zucker*
*2 TL feingeriebene Orangenschale*
*2 Eier*
*1 EL frisch gepreßter Orangensaft*
*90 g Mehl, vermischt mit 1 TL Backpulver*
*80 g frische Semmelbrösel vom Weißbrot*
*75 g Pflaumen, entsteint und gehackt*
*80 g kandierte Ananas, gehackt*
*95 g getrocknete Aprikosen, gehackt*
*1 EL Zitronat und Orangeat, gehackt*

**1.** Ofen auf 180 °C vorheizen. Eine Springform (Ø 22 cm) mit zerlassener Butter oder Öl einpinseln. Boden und Rand mit Backpapier auslegen.
**2.** Butter, Zucker und Orangenschale in eine kleine Schüssel geben und mit dem elektrischen Rührgerät zu einer schaumig-cremigen Masse schlagen. Dann die Eier einzeln hintereinander zugeben und jeweils vollständig einrühren.
**3.** Die Masse in eine größere Schüssel umfüllen. Orangensaft und das mit Backpulver vermischte Mehl mit einem Metallöffel unterheben. Die restlichen Zutaten zugeben und nur solange rühren, bis sie sich gut vermischt haben.
**4.** Den Teig in die vorbereitete Form füllen und mit einem Spatel glattstreichen. 45 Minuten backen. Der Kuchen ist fertig, wenn man ein Holzstäbchen in die Mitte steckt und dies beim Herausziehen sauber bleibt. Den Kuchen ca. 10 Minuten ruhen lassen. Zum Auskühlen auf ein Kuchengitter stürzen. Mit Zitronenbuttercreme (Seite 60) oder Zitronen-Frischkäse-Guß (Seite 62) bestreichen und mit etwas Muskatnuß bestäuben.

*Tutti-Frutti-Kuchen (oben)*
*und Italienische Schokoladenterrine*

❖ SCHNELLE RÜHRKUCHEN ❖

❖ SCHNELLE RÜHRKUCHEN ❖

❖ SCHNELLE RÜHRKUCHEN ❖

## Blaubeerkuchen

*Zubereitungszeit:
30 Min.
Backzeit: 55 Min.
Für 1 Springform*

*250 g frische Blaubeeren
1 EL feiner Zucker
2 Eier
2 Tropfen Vanillearoma
125 g Butter, geschmolzen
165 g Mehl, vermischt mit
1 1/2 TL Backpulver
125 g feiner Zucker
2 EL brauner Zucker*

**1.** Ofen auf 180 °C vorheizen. Eine Springform (Ø 22 cm) mit zerlassener Butter oder Öl einpinseln. Boden und Rand mit Backpapier auslegen.
**2.** Die Hälfte der Blaubeeren mit 1 EL Zucker in einen Topf geben. Auf niedrigster Stufe unter Rühren erhitzen, bis die Früchte Saft ziehen. Restliche Beeren unterheben; abkühlen lassen.
**3.** Eier in einer großen Schüssel cremig schlagen. Vanillearoma, Butter, mit Backpulver vermischtes Mehl und den restlichen Zucker mit einem Metalllöffel unterheben, bis eine glatte Masse entstanden ist.

*Blaubeerkuchen (oben)
und Vanille-Sahne-Kuchen*

**4.** Die Hälfte des Teiges mit den Beeren verrühren. Dann zusammen mit dem restlichen Teig in die Form füllen. Ein Holzstäbchen vorsichtig durch den Teig ziehen, so daß eine Marmorierung entsteht, und mit braunem Zucker bestreuen. 45–50 Minuten backen. Die Stäbchenprobe durchführen: Der Kuchen ist fertig, wenn man ein Holzstäbchen in die Mitte steckt und dies beim Herausziehen sauber bleibt. Den Kuchen ca. 5 Minuten ruhen lassen. Dann zum Auskühlen auf ein Kuchengitter stürzen. Nach Wunsch mit Puderzucker bestäuben.

## Vanille-Sahne-Kuchen

*Zubereitungszeit:
35 Min.
Kühlzeit: über Nacht
Backzeit: keine
Ergibt 6–8 Portionen*

*125 g Frischkäse
Vanillepudding von 125 ml Milch
425 ml Sahne
125 ml starker schwarzer Kaffee
80 ml Brandy*

*2 TL Zucker
250 g Löffelbiskuits*

**1.** Eine tiefe, rechteckige Backform (ca. 19 x 10 x 7 1/2 cm) so mit Klarsichtfolie auslegen, daß die Folie über die Ränder hängt. Frischkäse glatt und cremig rühren. Nach und nach Vanillepudding unterschlagen.
**2.** 170 ml der Sahne nur leicht schlagen. (Restliche Sahne im Kühlschrank aufbewahren.) Unter die Puddingmasse heben und zur Seite stellen. Kaffee, Brandy und Zucker in eine Schüssel geben und unter Rühren auflösen.
**3.** Immer 1–2 Löffelbiskuits in die Kaffeemischung tunken und den Boden der Form damit auslegen. Anschließend gut 1/3 der Puddingmasse darauf verstreichen. Restliche Löffelbiskuits und Puddingmasse abwechselnd in die Form schichten, so daß insgesamt 6 Lagen entstehen.
**4.** Mit der überhängenden Klarsichtfolie abgedeckt über Nacht kühl stellen. Restliche Sahne steif schlagen. Den Kuchen auf eine Platte setzen, mit der geschlagenen Sahne bestreichen und etwas Kakaopulver bestäuben. In Scheiben geschnitten servieren.

❖ SCHNELLE RÜHRKUCHEN ❖

## Gefrorener Moussekuchen

*Zubereitungszeit: 30 Min.*
*Kühlzeit: über Nacht*
*Backzeit: 30–35 Min.*
*Für 1 Springform*

125 g ganze Mandeln oder Pekannüsse, abgezogen
500 g dunkle Schokolade, gehackt
150 g Butter
1 EL Instant Kaffeepulver oder -granulat
2 Tropfen Vanillearoma
2 EL brauner Zucker
4 Eier
30 g Mehl

**1.** Ofen auf 180 °C vorheizen. Eine Springform (Ø 22 cm) mit zerlassener Butter oder Öl einpinseln. Boden und Rand mit Backpapier auslegen. Mandeln oder Pekannüsse in der Küchenmaschine in kurzen Intervallen fein mahlen. Zur Seite stellen.
**2.** Dunkle Schokolade, Butter, Kaffeepulver oder -granulat und Vanillearoma in einem großen Topf mischen. Bei schwacher Hitze zum Schmelzen bringen und glattrühren. Vom Herd nehmen. Für das Schmelzen der Mischung kann man auch die Mikrowelle verwenden: Das Gerät für 1–2 Minuten auf höchste Stufe stellen und die Mischung in kurzen Intervallen schmelzen. Nach jeder Minute gut umrühren. Zucker und Eier mit dem elektrischen Rührgerät 2–3 Minuten dick-cremig schlagen.
**3.** Zusammen mit den gemahlenen Mandeln oder den Nüssen und dem Mehl unter die Schokoladenmasse heben, bis sich die Zutaten gut vermischt haben. In die Form füllen. 30 Minuten backen, bis die Oberfläche des Kuchens fest geworden ist. Aus dem Ofen nehmen und abkühlen lassen.
**4.** Kuchen mit Klarsichtfolie abdecken und über Nacht gefrieren lassen. Dieser Kuchen ist sehr reichhaltig und schmeckt besonders gut, wenn er noch einen Schokoladenguß mit saurer Sahne (Seite 63) erhält. Man kann ihn aber auch in kleine Stücke schneiden, mit gesiebtem Kakao und Puderzucker bestäuben und mit einem Schlag Sahne oder Eiscreme gekrönt servieren.

**Hinweis:** Verwenden Sie für dieses Rezept möglichst eine qualitativ hochwertige, ungesüßte dunkle Schokolade.

*Gefrorener Moussekuchen*

*1. Boden und Rand einer Springform mit Backpapier auslegen.*

*2. Zucker und Eier mit dem elektrischen Rührgerät dick-cremig schlagen.*

❖ SCHNELLE RÜHRKUCHEN ❖

3. Masse vorsichtig in die vorbereitete Form füllen.

4. Kuchen solange backen, bis sich die Oberfläche fest anfühlt.

❖ Schnelle Rührkuchen ❖

❖ SCHNELLE RÜHRKUCHEN ❖

## Birnen-Pekannuß-Kuchen

*Zubereitungszeit:*
*20 Min.*
*Backzeit: 1 Std.*
*Für 1 Springform*

*1 reife Birne, geschält, entkernt und in grobe Stücke geschnitten*
*2 TL Zitronensaft*
*150 g Butter*
*185 g feiner Zucker*
*3 Eier*
*1 TL gemahlener Zimt*
*1 Prise Muskatnuß*
*150 g Mehl, vermischt mit 1 1/2 TL Backpulver*
*90 g Pekannüsse, grobgehackt*
*50 g brauner Zucker*

**1.** Birne mit Zitronensaft beträufeln. Ofen auf 180 °C vorheizen. Eine Springform (Ø 22 cm) mit zerlassener Butter oder Öl einpinseln. Boden und Rand mit Backpapier auslegen.
**2.** Butter und Zucker schaumig schlagen. Eier einzeln unterrühren, dann Zimt und Muskatnuß dazugeben. Mit Backpulver vermischtes Mehl, 2/3 der Nüsse und die Birne unterheben; alle Zutaten miteinander verrühren.
**3.** Den Teig in die vorbereitete Form füllen. Restliche Pekannüsse und braunen Zucker darüber streuen. 1 Stunde backen. Wenn die Oberfläche zu braun wird, nach 45 Minuten mit Alufolie abdecken. Zur Überprüfung, ob der Kuchen fertig ist, die Stäbchenprobe durchführen: Er ist durchgebacken, wenn man ein Holzstäbchen in die Mitte des Kuchens steckt und dies beim Herausziehen sauber bleibt. Den Kuchen ca. 5 Minuten ruhen lassen. Dann zum Auskühlen auf ein Kuchengitter stürzen.

## Orangen-Sultaninen-Kuchen mit Brandy

*Zubereitungszeit:*
*20 Min.*
*Backzeit: 45 Min.*
*Für 2 Kastenformen*

*125 g Butter, geschmolzen*
*375 g Sultaninen*
*100 g brauner Zucker*
*2 EL Orangenmarmelade*
*1 EL geriebene Orangenschale*
*2 Eier*
*60 ml Brandy, plus 1 1/2 TL zusätzlich*
*120 g Mehl, vermischt mit 1/3 TL Backpulver*
*grobgehackte Mandeln und kandierte Kirschen zur Dekoration*

**1.** Ofen auf 150 °C vorheizen. Zwei Kastenformen (25 cm) einfetten. Boden und Ränder jeweils mit Backpapier auslegen.
**2.** Butter, Sultaninen, braunen Zucker, Marmelade, Orangenschale, Eier und 60 ml Brandy mit Mehl und Backpulver in einer großen Schüssel mischen. Mit einem Holzlöffel gut verrühren.
**3.** Teig gleichmäßig auf die beiden Formen verteilen und glattstreichen. Mit Mandeln und Kirschen garnieren. 45 Minuten backen. Vor dem Herausnehmen zur Überprüfung die Stäbchenprobe durchführen. Die Kuchen sind fertig, wenn man ein Holzstäbchen in die Mitte steckt und dies beim Herausziehen sauber bleibt. Die Kuchen mit etwas Brandy beträufeln. Anschließend fest mit Klarsichtfolie abdecken und in den Formen auskühlen lassen.

**Hinweis:** In einem luftdicht verschlossenen Behälter läßt sich dieser Kuchen bis zu 3 Wochen im Kühlschrank aufbewahren.

---

*Birnen-Pekannuß-Kuchen (oben)*
*und Orangen-Sultaninen-Kuchen mit Brandy*

❖ SCHNELLE RÜHRKUCHEN ❖

## Dunkler Schokoladenkuchen

*Zubereitungszeit:*
*15 Min.*
*Backzeit: 45 Min.*
*Für 1 Napfkuchenform*

*280 g Mehl, vermischt mit*
*3 TL Backpulver*
*1 TL Natron*
*85 g Kakaopulver*
*375 g feiner Zucker*
*150 g weiche Butter*
*250 ml Wasser*
*3 Eier, leicht geschlagen*

1. Ofen auf 180 °C vorheizen. Eine Napfkuchenform (Ø 22 cm) mit zerlassener Butter auspinseln. Mit Backpulver vermischtes Mehl, Natron und Kakao in eine Schüssel sieben. Feinen Zucker unterrühren. Butter, Wasser und Eier dazugeben. Mit dem elektrischen Rührgerät auf niedrigster Stufe solange schlagen, bis sich alle Zutaten gut miteinander vermischt haben. Dann bei mittlerer Geschwindigkeit weitere 3 Minuten schlagen.
2. Den Teig in die vorbereitete Form füllen und mit einem Spatel glattstreichen. 45 Minuten backen. Zur Überprüfung, ob der Kuchen fertig ist, ein Holzstäbchen in die Mitte des Teiges stecken. Bleibt es beim Herausziehen sauber, ist er durchgebacken. Den Kuchen zunächst ca. 10 Minuten ruhen lassen, bevor er zum Auskühlen auf ein Kuchengitter gestürzt wird. Nach Wunsch mit Puderzucker bestäuben. Als Alternative mit Schokoladenguß de luxe (siehe Seite 63) oder Schokoladenbuttercreme (siehe Seite 60) bestreichen oder einfach mit Schokoladensauce (siehe Seite 59) beträufeln.

## Ananas-Bananen-Kuchen

*Zubereitungszeit:*
*30 Min.*
*Backzeit: 1 Std.*
*Für 1 Springform*

*2 reife Bananen, zerdrückt*
*130 g Ananas aus der Dose, abgetropft und zerkleinert*
*300 g feiner Zucker*
*200 g Mehl, vermischt mit*
*2 TL Backpulver*
*2 TL gemahlener Zimt*
*170 ml Öl*
*60 ml Ananassaft*
*2 Eier*

1. Ofen auf 180 °C vorheizen. Eine Springform (Ø 24 cm) mit zerlassener Butter oder Öl einpinseln. Boden und Rand mit Backpapier auslegen. Bananen, zerkleinerte Ananas und feinen Zucker in eine große Schüssel geben. Mit Backpulver vermischtes Mehl und Zimt darüber sieben; mit einem Holzlöffel verrühren.
2. Öl, Ananassaft und Eier verquirlen und zu der Bananenmischung geben. Glattrühren. In die vorbereitete Form füllen und mit einem Spatel glattstreichen. 1 Stunde backen. Zur Überprüfung, ob der Kuchen fertig ist, ein Holzstäbchen in die Mitte des Teiges stecken. Bleibt es beim Herausziehen sauber, ist er durchgebacken. Den Kuchen ca. 10 Minuten ruhen lassen, dann zum Auskühlen auf ein Kuchengitter stürzen.
3. Erkalteten Kuchen mit einem Frischkäseguß (siehe Seite 62) bestreichen und (falls erhältlich) mit getrockneten Mangoscheiben verzieren.

**Hinweis:** In einem luftdicht verschlossenen Behälter läßt sich der Kuchen bis zu 4 Tagen aufbewahren. Bei heißem Wetter einfrieren.

---

*Dunkler Schokoladenkuchen (oben)*
*und Ananas-Bananen-Kuchen*

❖ SCHNELLE RÜHRKUCHEN ❖

27

❖ SCHNELLE RÜHRKUCHEN ❖

❖ SCHNELLE RÜHRKUCHEN ❖

## Mokkakuchen mit saurer Sahne

*Zubereitungszeit:*
*25 Min.*
*Backzeit: 30–40 Min.*
*Für 1 rechteckige Backform*

*125 g Butter*
*250 g feiner Zucker*
*3 Eier, leicht geschlagen*
*1 EL Instant Kaffeepulver*
*2 Tropfen Vanillearoma*
*150 g Mehl, vermischt mit*
*¹/2 TL Backpulver*
*90 g saure Sahne*

**1.** Ofen auf 160 °C vorheizen. Boden und Ränder einer rechteckigen Backform (ca. 28 x 18 cm) mit zerlassener Butter oder Öl einpinseln und mit Backpapier auslegen.
**2.** Butter und Zucker in einer kleinen Schüssel schaumig schlagen. Eier nacheinander einzeln gut unterrühren. Kaffeepulver in 1 EL warmen Wasser auflösen und mit dem Vanillearoma unter die Masse rühren.
**3.** Anschließend in eine große Schüssel umfüllen. Mehl und Backpulver sieben. Mit einem Holzlöffel abwechselnd mit der sauren Sahne unterheben. Den Teig in die vorbereitete Form füllen und glattstreichen. 30–40 Minuten backen. Vor dem Herausnehmen zur Überprüfung, ob der Kuchen fertig ist, die Stäbchenprobe durchführen: Er ist gut, wenn man ein Holzstäbchen in die Mitte steckt und dies beim Herausziehen sauber bleibt. Den Kuchen ca. 5 Minuten ruhen lassen. Dann zum Auskühlen auf ein Kuchengitter stürzen. Wenn er erkaltet ist, mit Mokkaglasur (siehe Seite 61) überziehen und eventuell mit gezuckerten Veilchen dekorieren.

## Mandel-Rum-Torte

*Zubereitungszeit:*
*45 Min.*
*Kühlzeit: über Nacht*
*Backzeit: keine*
*Für 1 rechteckige Backform*

*125 g Butter*
*125 g feiner Zucker*
*2 Eier, getrennt*
*100 g gemahlene Mandeln*
*2 Tropfen Mandelaroma*
*2 EL Rum*
*125 ml Milch*
*24 Löffelbiskuits*
*315 ml Sahne, geschlagen*
*130 g Mandelblättchen, geröstet*

---

*Mokkakuchen mit saurer Sahne (oben)*
*und Mandel-Rum-Torte*

**1.** Eine rechteckige Backform mit Klarsichtfolie so auskleiden, daß die Folie über die Ränder hängt. Butter und Zucker in einer kleinen Schüssel schaumig schlagen. Dann die Eigelbe unterrühren und die gemahlenen Mandeln und das Mandelaroma unterheben.
**2.** Eiweiße in einer kleinen, trockenen Schüssel mit dem elektrischen Rührgerät steif schlagen. Anschließend mit einem Metallöffel vorsichtig unter die Mandelmasse ziehen. 20–30 Minuten kalt stellen, bis die Masse fest, aber nicht hart geworden ist. Rum und Milch in einer flachen Schale mischen.
**3.** 6 Löffelbiskuits in der Milch-Rum-Mischung wenden und den Boden der Form damit auslegen. Gut ¹/3 der Mandelmasse darauf verstreichen. Dann die restlichen Löffelbiskuits und die Mandelmasse abwechselnd in die Form schichten, mit einer Löffelbiskuitschicht abschließen. Mit der überhängenden Klarsichtfolie abdecken und über Nacht kühl stellen. Vor dem Servieren auf eine Kuchenplatte setzen. Mit geschlagener Sahne bestreichen und mit gerösteten Mandelblättchen verzieren.

❖ SCHNELLE RÜHRKUCHEN ❖

## Pekannuß-kuchen

*Zubereitungszeit: 30 Min.*
*Backzeit: 35–40 Min.*
*Für 1 Springform*

*250 g Mehl, vermischt mit 2½ TL Backpulver*
*2 TL gemahlene Muskatnuß*
*125 g Butter, in kleine Stücke geschnitten*
*350 g brauner Zucker*
*½ TL Natron*
*250 ml Milch*
*1 Ei*
*90 g Pekannüsse, gehackt*

**1.** Ofen auf 180 °C vorheizen. Eine Springform (Ø 22 cm) mit zerlassener Butter oder Öl einpinseln. Boden und Rand mit Backpapier auslegen. Das mit Backpulver vermischte Mehl und die Muskatnuß in eine große Schüssel sieben; Butter und braunen Zucker dazugeben. Die Zutaten solange zwischen den Fingerspitzen zerreiben (ca. 3 Minuten), bis eine krümelige Masse entstanden ist.
**2.** Die Hälfte des Teiges als Boden in die vorbereitete Form füllen und mit der flachen Seite eines Löffels gleichmäßig fest andrücken.
**3.** Natron, Milch, Eier und gehackte Pekannüsse mischen, zum restlichen Teig geben und solange verrühren, bis eine glatte Masse entstanden ist.
**4.** In die vorbereitete Form füllen und mit einem Spatel glattstreichen. 35–40 Minuten backen. Vor dem Herausnehmen zur Überprüfung, ob der Kuchen fertig ist, die Stäbchenprobe durchführen: Er ist durchgebacken, wenn man ein Holzstäbchen in die Mitte des Teiges steckt und dies beim Herausziehen sauber bleibt. Den fertigen Kuchen ca. 10 Minuten ruhen lassen. Anschließend zum Auskühlen auf ein Kuchengitter stürzen. Nach Wunsch vor dem Servieren mit Puderzucker bestäuben.

**Hinweis:** In einem luftdicht verschlossenen Behälter läßt sich der Kuchen 2–3 Tage aufbewahren.
**Variante:** Nach Wunsch kann man Pekannüsse durch Mandeln oder Walnüsse ersetzen.

*Pekannußkuchen*

*1. Butter, Mehl und Zucker mit den Fingern zerkneten, bis eine krümelige Masse entsteht.*

*2. Die Hälfte des Teiges auf dem Boden der Form andrücken.*

❖ SCHNELLE RÜHRKUCHEN ❖

3. Die Mischung aus Natron, Milch, Eiern und Pekannüssen zum Teig geben.

4. Bleibt ein Stäbchen beim Herausziehen aus dem Kuchen sauber, ist er fertig.

❖ SCHNELLE RÜHRKUCHEN ❖

## Mohrrübenkuchen mit Pekannüssen

*Zubereitungszeit:*
*30 Min.*
*Backzeit: 45 Min.*
*Für 1 quadratische Backform*

3 Eier
250 ml Öl
230 g brauner Zucker
185 g Mehl, vermischt mit
1¹/₂ TL Backpulver
1 TL Natron
1 Prise Salz
2 TL gemahlener Zimt
90 g Pekannüsse, gehackt
250 g Mohrrüben, geraspelt

**1.** Ofen auf 180 °C vorheizen. Eine quadratische Back- oder Gratinform (ca. 23 cm) mit zerlassener Butter oder Öl einpinseln. Boden und Ränder mit Backpapier auslegen.
**2.** Eier, Öl und braunen Zucker in einer großen Schüssel mischen. Gesiebtes und mit Backpulver vermischtes Mehl, Natron, Salz und Zimt zugeben und mit dem elektrischen Rührgerät zu einer glatten Masse verarbeiten. Nüsse und Mohrrüben unter den Teig rühren.
**3.** Den Teig in die Form füllen und 45 Minuten backen. Vor dem Herausnehmen die Stäbchenprobe durchführen: Der Kuchen ist fertig, wenn man ein Holzstäbchen in die Mitte steckt und dies beim Herausziehen sauber bleibt. Den Kuchen mindestens 20 Minuten ruhen lassen. Dann zum Auskühlen auf ein Kuchengitter stürzen. Nach Wunsch mit einem Frischkäseguß (siehe Seite 62) bestreichen und mit gehackten Pekannüssen bestreuen.

## Kokoskuchen

*Zubereitungszeit:*
*15 Min.*
*Backzeit: 55 Min.*
*Für 1 Kastenform*

*185 g weiche Butter, in kleine Stücke geschnitten*
*250 g feiner Zucker, plus 1 EL zusätzlich*
*90 g Kokosraspel, plus 2 EL zusätzlich*
*125 ml Buttermilch oder Naturjoghurt*
*4 Tropfen Vanillearoma*
*3 Eier, leicht geschlagen*
*185 g Mehl*
*1¹/₂ TL Backpulver*
*40 g Stärke*

**1.** Ofen auf 180 °C vorheizen. Eine Kastenform (25 cm) mit zerlassener Butter oder Öl einpinseln. Boden und Ränder mit Backpapier auslegen.
**2.** Butter, 250 g feinen Zucker, 90 g Kokosraspel, Buttermilch oder Naturjoghurt, Vanillearoma und Eier in eine Schüssel geben und mit dem elektrischen Rührgerät verquirlen. Mehl mit Backpulver und Stärke mischen, darüber sieben und auf niedrigster Stufe unterrühren. Bei mittlerer Geschwindigkeit ca. 1 weitere Minute schlagen, bis der Teig glatt und cremig ist. Vorsicht: nicht zu lange rühren.
**3.** Den Teig vorsichtig in die Form füllen und mit einem Spatel glattstreichen. Restlichen Zucker mit Kokosraspel mischen und darüber streuen. 50–55 Minuten backen. Den Kuchen während der letzten 15 Minuten leicht mit Alufolie abdecken, damit die Kokosraspel nicht zu dunkel werden. Zur Überprüfung, ob der Kuchen durchgebacken ist, die Stäbchenprobe durchführen. Er ist fertig, wenn man ein Holzstäbchen in die Mitte steckt und dies beim Herausziehen sauber bleibt. Den Kuchen ca. 5 Minuten ruhen lassen. Dann zum Auskühlen auf ein Kuchengitter stürzen.

---

*Mohrrübenkuchen mit Pekannüssen (oben) und Kokoskuchen*

## Jaffakuchen

*Zubereitungszeit:
20 Min.
Backzeit: 45 Min.
Für 1 Kastenform*

*185 g weiche Butter, in kleine Stücke geschnitten
250 g feiner Zucker
2 TL geriebene Orangenschale
80 ml Orangensaft
3 Eier, leicht geschlagen
185 g Mehl
1½ TL Backpulver
60 g Stärke
1 EL Kakaopulver*

1. Ofen auf 180 °C vorheizen. Eine Kastenform (25 cm) mit zerlassener Butter oder Öl einpinseln. Boden mit Backpapier auslegen.
2. Butter, Zucker, Orangenschale, Orangensaft und Eier in eine Schüssel geben und verrühren. Mehl mit Backpulver und Stärke mischen, darüber sieben und mit dem elektrischen Rührgerät auf niedrigster Stufe vermischen. Dann bei mittlerer Geschwindigkeit Teig glatt und cremig schlagen.
3. Die Hälfte des Teiges in eine kleine Schüssel geben. Mit Kakao bestäuben, verrühren und gleichmäßig Boden und Ränder der Form damit bestreichen. Restlichen Teig in die Form füllen und glattstreichen. 45 Minuten backen. Die Stäbchenprobe durchführen: Der Kuchen ist fertig, wenn man ein Holzstäbchen in seine Mitte steckt und dies beim Herausziehen sauber bleibt. Den Kuchen ca. 5 Minuten ruhen lassen. Anschließend zum Auskühlen auf ein Kuchengitter stürzen. Nach Wunsch mit einer Schokoladenglasur (siehe Seite 61) überziehen und mit Schokonüssen verzieren.

## Pekannußkuchen mit Ahornsirup

*Zubereitungszeit:
20 Min.
Backzeit: 55 Min.
Für 1 Springform*

*250 g weiche Butter, in kleine Stücke geschnitten
150 g brauner Zucker, plus 2 EL zusätzlich
80 ml Ahornsirup, plus 1 EL zusätzlich
125 g Pekannüsse, gehackt
2 Eier
125 ml Milch oder Buttermilch
250 g Mehl, vermischt mit 2½ TL Backpulver*

1. Ofen auf 180 °C vorheizen. Eine Springform (Ø 24 cm) mit zerlassener Butter oder Öl einpinseln. Boden und Rand mit Backpapier auslegen.
2. 60 g Butter, 2 EL braunen Zucker und 1 EL Ahornsirup in eine kleine Schüssel geben. Mit einem Holzlöffel ca. 1 Minute schaumig schlagen. Gleichmäßig auf dem Boden der Form verstreichen. Gehackte Pekannüsse darüber streuen.
3. Restliche Butter, braunen Zucker und Ahornsirup mit Eiern und Milch bzw. Buttermilch in einer Schüssel mischen. Ca. 1 Minute verrühren. Das mit Backpulver vermischte Mehl darüber sieben und mit dem elektrischen Rührgerät auf niedrigster Stufe vermischen. Dann bei mittlerer Geschwindigkeit Teig ca. 1 Minute glatt und cremig schlagen. Den Teig in die Form füllen und glattstreichen. 50–55 Minuten backen. Der Kuchen ist fertig, wenn man ein Holzstäbchen in die Mitte steckt und dies beim Herausziehen sauber bleibt. Den Kuchen ca. 10 Minuten ruhen lassen. Erst dann zum Auskühlen auf ein Kuchengitter stürzen.

*Pekannußkuchen mit Ahornsirup (oben) und Jaffakuchen*

❖ SCHNELLE RÜHRKUCHEN ❖

## ❖ Schnelle Rührkuchen ❖

## Gefüllter Schokoladenkuchen

*Zubereitungszeit: 20 Min.*
*Backzeit: 50 Min.*
*Für 1 oder 2 Springformen*

250 g Butter
200 g dunkle Schokolade, gehackt
375 g feiner Zucker
60 ml Whisky
250 ml heißes Wasser
250 g Mehl, vermischt mit $2^{1}/_{2}$ TL Backpulver
60 g dunkles Kakaopulver
2 Eier, leicht geschlagen
zusätzlich Kakaopulver und Puderzucker zur Dekoration

**1.** Ofen auf 150 °C vorheizen. In diesem Rezept wird mit 2 Springformen (Ø 22 cm) gearbeitet. Sie können aber auch nur 1 Springform verwenden und die Tortenteile hintereinander backen. Die Formen mit zerlassener Butter oder Öl einpinseln. Böden und Ränder mit Backpapier auslegen.
**2.** Butter in einem Topf schmelzen. Schokolade, Zucker, Whisky und heißes Wasser zugeben und zu einer glatten Masse verrühren. Etwas abkühlen lassen; in eine große Schüssel umfüllen.
**3.** Das mit Backpulver vermischte und gesiebte Mehl und den Kakao zugeben. Solange schlagen, bis der Teig frei von Klümpchen ist. Dann die Eier unterrühren. Den Teig in die Formen füllen und 45 Minuten backen, bis sich die Oberfläche fest anfühlt. Die Kuchen vor dem Herausnehmen in den Formen vollständig auskühlen lassen. Einen der Kuchen mit Schokoladenbuttercreme de luxe (siehe Seite 60) bestreichen, den anderen darauf setzen. Kakaopulver mit Puderzucker mischen und darüber sieben.

**Hinweis:** Kann in einem luftdicht verschlossenen Behälter bis zu 1 Woche aufbewahrt werden.

## Zucchini-Haselnuß-Kuchen

*Zubereitungszeit: 20 Min.*
*Backzeit: 30 Min.*
*Für 1 Napfkuchenform*

30 g Butter, geschmolzen
1 EL Demerara-Zucker
60 g Haselnüsse, gehackt
125 g Zucchini, geraspelt und gut ausgedrückt
250 g feiner Zucker
125 ml Sonnenblumenöl
2 Eier, leicht geschlagen
2 TL geriebene Zitronenschale
150 g Mehl, vermischt mit $1^{1}/_{2}$ TL Backpulver
60 g feiner Grieß

**1.** Ofen auf 180 °C vorheizen. Eine Napfkuchenform (Ø 22 cm) mit der zerlassenen Butter einpinseln und die restliche Butter in den Boden der Form träufeln. Boden mit Demerara und der Hälfte der Haselnüsse bestreuen.
**2.** Restflüssigkeit aus den Zucchini drücken. Dann mit Zucker, Öl, Eiern, Zitronenschale und den restlichen Haselnüssen in eine große Schüssel geben und mit einem Holzlöffel verrühren. Mit Backpulver vermischtes und gesiebtes Mehl und Grieß zugeben und zu einer glatten Masse verrühren.
**3.** Den Teig in die vorbereitete Form füllen und mit einem Spatel glattstreichen. 30 Minuten backen. Der Kuchen ist fertig, wenn man ein Holzstäbchen in die Mitte steckt und dies beim Herausziehen sauber bleibt. Den Kuchen ca. 5 Minuten ruhen lassen. Dann zum Auskühlen auf ein Kuchengitter stürzen.

*Gefüllter Schokoladenkuchen (oben) und Zucchini-Haselnuß-Kuchen*

## Himbeer-Passionsfrucht-Kuchen

*Zubereitungszeit:*
*30 Min.*
*Backzeit: 45 Min.*
*Für 1 Napfkuchenform*

*120 g Mehl, vermischt mit*
*1 TL Backpulver*
*140 g gemahlene Mandeln*
*185 g Butter*
*250 g feiner Zucker*
*125 g Fruchtfleisch einer frischen Passionsfrucht*
*4 Tropfen Vanillearoma*
*2 Eier*
*125 g tiefgefrorene oder frische Himbeeren*

1. Ofen auf 180 °C vorheizen. Eine Napfkuchen- oder Ringform (Ø 22 cm) mit zerlassener Butter oder Öl einpinseln. Das mit Backpulver vermischte Mehl und die gemahlenen Mandeln in einer großen Schüssel mischen. In die Mitte eine Mulde drücken.
2. Butter, Zucker, Fruchtfleisch und Vanillearoma in einen Topf geben. Bei niedriger Temperatur solange unter Rühren erhitzen, bis die Butter geschmolzen und eine glatte Masse entstanden ist.
3. Die Mischung in die Mulde gießen und unterrühren. Eier unterschlagen und glattrühren. In die Form füllen. Himbeeren darüber geben und leicht in den Teig drücken. 40 Minuten backen. Der Kuchen ist fertig, wenn man ein Holzstäbchen in die Mitte des Teiges steckt und dies beim Herausziehen sauber bleibt. Den Kuchen anschließend mindestens 10 Minuten ruhen lassen. Dann zum Auskühlen auf ein Kuchengitter stürzen. Mit Puderzucker bestäubt servieren.

## Streuselkuchen mit Kardamom

*Zubereitungszeit:*
*15 Min.*
*Backzeit: 40 Min.*
*Für 1 Springform*

*185 g feiner Zucker, plus*
*1 EL zusätzlich*
*250 g saure Sahne*
*1 Ei*
*2 Tropfen Vanillearoma*
*185 g Mehl*
*½ TL Natron*
*1 TL gemahlener Kardamom*
*30 g Walnüsse, feingehackt*

1. Ofen auf 180 °C vorheizen. Eine Springform (Ø 22 cm) mit zerlassener Butter oder Öl einpinseln. Boden und Rand mit Backpapier auslegen.
2. 185 g feinen Zucker, saure Sahne, Eier und Vanillearoma in eine kleine Schüssel geben und 2 Minuten schlagen. Mehl mit Natron und Kardamom mischen und darüber sieben. Mit dem elektrischen Rührgerät auf niedrigster Stufe kurz verrühren und anschließend bei mittlerer Geschwindigkeit 1 weitere Minute schlagen.
3. Den Teig in die vorbereitete Form füllen und mit einem Spatel glattstreichen. Walnüsse mit restlichem Zucker und Kardamom in einer kleinen Schüssel mischen. Den Teig gleichmäßig damit bestreuen. Die flache Klinge eines Messers durch die Teigoberfläche ziehen und die Walnußmischung gerade eben in die Teigoberfläche einarbeiten. 40 Minuten backen. Der Kuchen ist fertig, wenn man ein Holzstäbchen in die Mitte steckt und dies beim Herausziehen sauber bleibt. Den Kuchen zunächst ca. 5 Minuten ruhen lassen, bevor er zum Auskühlen auf ein Kuchengitter gestürzt wird.

*Himbeer-Passionsfrucht-Kuchen (oben)*
*und Streuselkuchen mit Kardamom*

❖ SCHNELLE RÜHRKUCHEN ❖

❖ SCHNELLE RÜHRKUCHEN ❖

1. Eine Kastenform mit Klarsichtfolie auslegen. Folie über die Ränder hängen lassen.

2. Jeweils 2–3 Kekse in der Likörmischung wenden.

❖ SCHNELLE RÜHRKUCHEN ❖

## Beschwipster Schokoladenkuchen

*Zubereitungszeit:*
  30 Min.
*Kühlzeit:* 8 Std.
*Backzeit:* keine
*Für 6–8 Personen*

*60 ml Mokkalikör*
*60 ml Bailey's Irish Cream*
*560 ml Schlagsahne*
*200 g flache Schokoladenkekse*
*Kakaopulver zum Bestäuben*

**1.** Eine Kastenform (25 cm) doppelt mit Klarsichtfolie auslegen. Dabei die Folie auf beiden Seiten überhängen lassen. (Diese Vorgehensweise empfiehlt sich, weil sich die einzelnen Schichten des Kuchens leichter in einer Form zusammensetzen lassen.)
**2.** Mokkalikör mit Bailey's Irish Cream in einer flachen Schüssel mischen. Zur Seite stellen. 315 ml Sahne fast steif schlagen. Jeweils 2–3 Kekse in der Likörmischung wenden. Sind die Kekse sehr trocken und fest, sollte man sie sogar ca. 1 Minute einweichen.
**3.** Einen getränkten Keks aufrecht an einem Ende der Form aufstellen. Mit etwas geschlagener Sahne bestreichen. Die restlichen Kekse und die Sahne abwechselnd auf diese Weise in die Form schichten.
**4.** Die überhängende Klarsichtfolie fest um den Kuchen schlagen und 8 Stunden kalt stellen. Dabei hin und wieder vorsichtig eingewickelt in der Form wenden.

Dadurch wird verhindert, daß der Likör eine Seite des Kuchens aufweicht. Anschließend den Kuchen aus der Folie wickeln und auf eine Platte oder ein Brett legen. Die restliche Sahne steif schlagen. Über den Kuchen streichen und ein wenig Kakaopulver darüber sieben. Den Kuchen mit einem scharfen Messer in schräge Scheiben schneiden. So erhalten Sie Querstreifen.

**Hinweis:** Der beschwipste Schokoladenkuchen kann bis zu 3 Tagen im voraus zubereitet und dann in Klarsichtfolie gewickelt im Kühlschrank aufbewahrt werden. Erst kurz vor dem Servieren mit der Sahne überziehen. Mit frischem Obst gereicht, eignet sich der Kuchen auch hervorragend als Dessert.

*Beschwipster Schokoladenkuchen*

*3. Getränkte Kekse und geschlagene Sahne abwechselnd in die Form schichten.*

*4. Restliche Sahne steif schlagen und erst vor dem Servieren über den Kuchen streichen.*

❖ Schnelle Rührkuchen ❖

## Schokoladenkuchen mit Erdnüssen und Sultaninen

*Zubereitungszeit: 15 Min.*
*Backzeit: 30 Min.*
*Für 1 rechteckige Backform*

*125 g Butter*
*100 g brauner Zucker*
*60 g Erdnußbutter*
*2 EL Rohrzuckersirup*
*2 Eier*
*200 g Mehl, vermischt mit*
*2 TL Backpulver*
*170 ml Milch*
*100 g dunkle Schokolade, gerieben*
*100 g Sultaninen (wenn erhältlich, mit Schokolade überzogen)*
*100 g Erdnüsse (wenn erhältlich, mit Schokolade überzogen)*

**1.** Ofen auf 180 °C vorheizen. Eine rechteckige Backform (ca. 20 x 30 cm) mit zerlassener Butter oder Öl einpinseln. Boden und Ränder mit Backpapier auslegen.
**2.** Butter, braunen Zucker, Erdnußbutter und Sirup in einer großen Schüssel schaumig schlagen. Eier einzeln unterrühren. Jedes Ei muß sich vollständig mit dem Teig vermischt haben, bevor das nächste Ei dazugegeben wird. Mit Backpulver vermischtes Mehl abwechselnd mit der Milch unterrühren. Zu einer glatten Masse verarbeiten. Mit einem Metallöffel geriebene Schokolade, Sultaninen und Erdnüsse unterrühren.
**3.** Den Teig in die Form füllen und glattstreichen. 30 Minuten backen. Der Kuchen ist fertig, wenn man ein Holzstäbchen in die Mitte steckt und dies beim Herausziehen sauber bleibt. Den Kuchen ca. 10 Minuten ruhen lassen. Noch warm aufschneiden, mit Puderzucker bestäuben und mit geschlagener Sahne oder Eiscreme sofort servieren.

## Mandarinen-Grapefruit-Kuchen

*Zubereitungszeit: 20 Min.*
*Backzeit: 45 Min.*
*Für 1 Napfkuchenform*

*125 g Butter, in kleine Stücke geschnitten*
*160 g feiner Zucker*
*150 g Mandarine mit Schale (unbehandelt), in kleine Stücke geschnitten (siehe Hinweis)*
*2 Eier*
*175 g Grapefruit mit Schale (unbehandelt), in kleine Stücke geschnitten (siehe Hinweis)*
*185 ml Kokosmilch*
*25 g Kokosraspel*
*60 g feiner Grieß*
*150 g Mehl, vermischt mit*
*1½ TL Backpulver*

**1.** Ofen auf 180 °C vorheizen. Eine Napfkuchenform (Ø 22 cm) mit zerlassener Butter oder Öl einpinseln. Zerkleinerte Butter, feinen Zucker, Mandarine, Eier und Grapefruit in die Küchenmaschine geben. In kurzen Intervallen nicht ganz glattrühren.
**2.** Kokosmilch, Kokosraspel, Grieß und mit Backpulver vermischtes Mehl zugeben. In der Küchenmaschine zu einer glatten Masse verarbeiten. Den Teig in die vorbereitete Form füllen. 35–40 Minuten backen. Der Kuchen ist fertig, wenn man ein Holzstäbchen in die Mitte steckt und dies beim Herausziehen sauber bleibt.
**3.** Den Kuchen ca. 5 Minuten ruhen lassen. Dann zum Auskühlen auf ein Kuchengitter stürzen. Noch warm mit Puderzucker bestäubt servieren oder – falls gewünscht – mit Zitronensirup (siehe Seite 58) beträufeln. Den heißen Sirup über den ausgekühlten Kuchen gießen und einziehen lassen. Mit einem Schlag Sahne servieren. Dieser Kuchen kann bis zu 4 Ta-

❖ SCHNELLE RÜHRKUCHEN ❖

*Mandarinen-Grapefruit-Kuchen (oben) und Schokoladenkuchen mit Erdnüssen und Sultaninen*

gen in einem luftdicht verschlossenen Behälter aufbewahrt und in der Mikrowelle wieder erwärmt werden.

**Hinweis:** Beim Schälen der Zitrusfrüchte Fruchtfleisch und Schale von weißer Haut befreien, da diese sehr bitter schmeckt.

Dann Fruchtfleisch und Schale kleinschneiden und abwiegen.
**Variante:** Kombinieren Sie andere Zitrusfrüchte.

❖ SCHNELLE RÜHRKUCHEN ❖

❖ SCHNELLE RÜHRKUCHEN ❖

## Apfelkuchen

*Zubereitungszeit:
  20 Min.
Backzeit: 40–50 Min.
Für 1 Springform*

*125 g weiche Butter
125 g feiner Zucker
2 Eier, leicht geschlagen
4 Tropfen Vanillearoma
125 g Mehl, vermischt mit
1 TL Backpulver
25 g getrocknete Äpfel
1 großer Apfel, geschält,
  entkernt und geraspelt*

**1.** Ofen auf 180 °C vorheizen. Eine Springform (Ø 22 cm) mit zerlassener Butter oder Öl einpinseln. Boden und Rand mit Backpapier auslegen.
**2.** Mit dem elektrischen Rührgerät Butter und Zucker schaumig schlagen. Eier einzeln unterrühren, Vanillearoma zugeben. Das mit Backpulver vermischte und gesiebte Mehl unterheben, bis ein glatter Teig entstanden ist.
**3.** Getrocknete Äpfel sehr fein hacken. Mit dem geraspelten Apfel zum Teig geben und gut vermischen. In die Form füllen, glattstreichen und 40–50 Minuten backen. Vor dem Herausnehmen die Stäbchenprobe durchführen. Der Kuchen ist fertig, wenn man ein Holzstäbchen in die Mitte steckt und dies beim Herausziehen sauber bleibt. Den Kuchen zunächst ca. 5 Minuten ruhen lassen. Dann zum Auskühlen auf ein Kuchengitter stürzen. Nach Wunsch den erkalteten Kuchen mit Vanillebuttercreme (siehe Seite 60) bestreichen.

## Ingwerkuchen

*Zubereitungszeit:
  20 Min.
Backzeit: 35 Min.
Für 1 rechteckige Backform*

*125 g Butter
150 g brauner Zucker
90 g Zuckerrübensirup
2 Eier, leicht geschlagen
250 g Mehl, vermischt mit
1 TL Backpulver
1 EL gemahlener Ingwer
$^1/_2$ TL Natron
125 ml Milch*

**1.** Ofen auf 180 °C vorheizen. Eine flache, rechteckige Backform (ca. 18 x 28 cm) mit zerlassener Butter oder Öl einpinseln. Boden und Ränder mit Backpapier auslegen.
**2.** Mit dem elektrischen Rührgerät Butter und Zucker schaumig schlagen. Zuckerrübensirup zugeben und vollständig in die Masse einrühren. Eier einzeln unterrühren. Jedes Ei muß sich vollständig mit dem Teig vermischt haben, bevor das nächste Ei dazugegeben wird.
**3.** Den Teig in eine große Schüssel umfüllen. Das mit Backpulver vermischte Mehl, Ingwer und Natron mischen, sieben und abwechselnd mit der Milch mit einem Metallöffel vorsichtig unterheben. Die Zutaten sollten sich vermischt haben, der Teig aber nicht ganz glatt sein. In die Form füllen und mit einem Spatel glattstreichen.
**4.** 30–35 Minuten backen. Vor dem Herausnehmen die Stäbchenprobe durchführen. Der Kuchen ist fertig, wenn man ein Holzstäbchen in die Mitte steckt und dies beim Herausziehen sauber bleibt. Den Kuchen anschließend mindestens 10 Minuten ruhen lassen. Zum Auskühlen auf ein Kuchengitter stürzen. Mit Zitronen-Ingwer-Glasur (Seite 61) überziehen und mit gehacktem kandiertem Ingwer verzieren oder einfach mit Puderzucker bestäuben. Kuchen zum Servieren in viereckige Stücke schneiden.

---

*Ingwerkuchen (oben) und Apfelkuchen*

## SCHNELLE RÜHRKUCHEN

### Mohrrübenkuchen

*Zubereitungszeit:*
*30 Min.*
*Backzeit: 40–45 Min.*
*Für 1 rechteckige Backform*

2 Eier, leicht geschlagen
220 g Rohzucker
150 g Mohrrüben, geraspelt
185 ml Pflanzenöl
60 g Walnüsse, gehackt
50 g Rosinen, gehackt
30 g Sultaninen
185 g Mehl, gesiebt
1 TL Gewürzmischung
1 TL gemahlener Zimt
1 TL Natron
1 1/2 TL Backpulver

1. Ofen auf 180 °C vorheizen. Eine rechteckige Back- oder Gratinform (ca. 18 x 28 cm) mit zerlassener Butter oder Öl einpinseln. Boden und Ränder mit Backpapier auslegen.
2. Eier, Zucker, Mohrrüben, Öl und Walnüsse in eine große Schüssel geben und verrühren. Restliche Zutaten zugeben und solange rühren, bis sie die Flüssigkeit aufgenommen haben.
3. Den Teig in die vorbereitete Form füllen und 40–45 Minuten backen. Der Kuchen ist fertig, wenn man ein Holzstäbchen in die Mitte steckt und dies beim Herausziehen sauber bleibt. Den Kuchen anschließend kurz in der Form ruhen lassen. Erst dann zum Auskühlen auf ein Kuchengitter stürzen. Nach Wunsch mit einem Frischkäseguß (siehe Seite 62) bestreichen und mit ein wenig geriebener Muskatnuß bestreuen.

### Schokoladenkuchen de luxe

*Zubereitungszeit:*
*20 Min.*
*Backzeit: 50 Min.*
*Für 1 Springform*

250 g feiner Zucker
30 g Mehl, gesiebt und vermischt mit
1/3 TL Backpulver
30 g dunkles Kakaopulver, gesiebt
100 g Pistazien, gehackt
150 g dunkle Schokolade, gehackt
150 g Butter, geschmolzen
4 Tropfen Vanillearoma
2 Eier, leicht geschlagen

1. Ofen auf 180 °C vorheizen. Eine Springform (Ø 22 cm) mit zerlassener Butter oder Öl einpinseln. Boden und Rand mit Backpapier auslegen.
2. Zucker, mit Backpulver vermischtes und gesiebtes Mehl, Kakaopulver und Pistazien in einer großen Schüssel mischen. Schokolade zugeben und unterrühren; in die Mitte eine Mulde drücken.
3. Butter mit Vanillearoma und Eiern mischen; in die Mulde gießen. Solange rühren, bis alle Zutaten Flüssigkeit aufgenommen haben und gut vermischt sind.
4. Den Teig in die Form füllen und glattstreichen. 40–45 Minuten backen. Vor dem Herausnehmen die Stäbchenprobe durchführen. Der Kuchen ist fertig, wenn man ein Holzstäbchen in die Mitte steckt und dies beim Herausziehen sauber bleibt. (Das Stäbchen kann noch feucht aussehen, aber der Teig darf nicht mehr roh sein.) Mit etwas Puderzucker bestäubt servieren.

**Hinweis:** Das Gelingen dieses Kuchens hängt vor allem von der Qualität seiner Zutaten ab. Verwenden Sie deshalb nur hochwertige Schokolade und feines Kakaopulver. Zu empfehlen sind eine gute Halbbitterschokolade und holländisches Kakaopulver.

*Schokoladenkuchen de luxe (oben)*
*und Mohrrübenkuchen*

❖ SCHNELLE RÜHRKUCHEN ❖

❖ SCHNELLE RÜHRKUCHEN ❖

# Fertig-Backmischungen mit Pfiff

Backmischungen sind nicht nur praktisch. Mit ein paar extra Zutaten kann man aus Ihnen auch ungeahnt raffinierte Kuchen zaubern.

### Erdbeer-Sahne-Kuchen

*Zubereitungszeit:*
*30 Min.*
*Backzeit: 10–15 Min.*
*Für 1 rechteckige Backform*

*1 Fertig-Backmischung Biskuitteig*
*Buttermilch oder Milch*
*80 ml Grand Marnier oder Kirschwasser*
*375 ml Schlagsahne*
*250 g Erdbeeren, in Scheiben geschnitten*

**1.** Ofen auf 180 °C vorheizen. Eine rechteckige Backform (ca. 30 x 25 x 2 cm) mit zerlassener Butter oder Öl einpinseln. Boden und Rand mit Backpapier auslegen.
**2.** Die Fertig-Backmischung nach Anleitung zubereiten. Die angegebene Flüssigkeit durch Buttermilch oder Milch ersetzen. Den Teig gleichmäßig in die vorbereitete Form füllen. 10–15 Minuten backen. Vor dem Herausnehmen die Stäbchenprobe durchführen: Der Biskuitboden ist fertig, wenn man ein Holzstäbchen in die Mitte steckt und dies beim Herausziehen sauber bleibt. Den fertigen Boden ca. 5 Minuten ruhen lassen. Anschließend zum Auskühlen auf ein Kuchengitter stürzen.
**3.** Erkalteten Boden zweimal waagerecht durchschneiden und die Enden gerade abschneiden. Die einzelnen Schichten großzügig mit Grand Marnier oder Kirschwasser bepinseln. Sahne steif schlagen. Eine Schicht mit $1/3$ der Sahne bestreichen und mit $1/3$ der Erdbeeren belegen. Eine zweite Schicht darauf setzen und ebenso verfahren. Die letzte Schicht mit der mit Alkohol bepinselten Seite nach unten darauf setzen und mit restlicher Sahne und Erdbeeren dekorieren.

*Erdbeer-Sahne-Kuchen*

❖ SCHNELLE RÜHRKUCHEN ❖

❖ SCHNELLE RÜHRKUCHEN ❖

❖ SCHNELLE RÜHRKUCHEN ❖

## Warmer Schokoladen-Marshmallow-Kuchen

*Zubereitungszeit: 20 Min.*
*Backzeit: 35–40 Min.*
*Für 1 quadratische Backform*

1 Fertig-Backmischung Schokoladenkuchen
100 g Marshmallows, halbiert
100 g dunkle Schokolade, gehackt

**1.** Ofen auf 180 °C vorheizen. Eine quadratische Backform (ca. 20 cm) mit zerlassener Butter oder Öl einpinseln. Boden und Ränder mit Backpapier auslegen.
**2.** Die Fertig-Backmischung nach Anleitung zubereiten. Halbierte Marshmallows und gehackte Schokolade unterheben; gut verrühren.
**3.** Den Teig gleichmäßig in die vorbereitete Form füllen und glattstreichen. 35–40 Minuten backen. Der Kuchen ist fertig, wenn man ein Holzstäbchen in die Mitte steckt und dies beim Herausziehen sauber bleibt. Ca. 10 Minuten ruhen lassen. Dann in Stücke schneiden und mit etwas gesiebtem Puderzucker und Kakaopulver bestäuben. Mit geschlagener Sahne oder Eiscreme servieren.

**Hinweis:** Sie können mittelgroße oder große Marshmallows verwenden. Die kleineren werden sich beim Backen vollständig auflösen.

## Marzipan-Kirschkuchen mit Kokosraspel

*Zubereitungszeit: 30 Min.*
*Backzeit: 35 Min.*
*Für 1 Napfkuchenform*

1 Fertig-Backmischung Rührteig
Buttermilch
80 g kandierte Kirschen, grobgehackt
100 g Marzipan, gerieben
25 g Kokosraspel

**1.** Ofen auf 180 °C vorheizen. Eine Napfkuchenform (Ø 22 cm) mit zerlassener Butter oder Öl einpinseln.
**2.** Die Backmischung nach Anleitung zubereiten. Die angegebene Flüssigkeit durch Buttermilch ersetzen. Kirschen, Marzipan und Kokosraspel zugeben und unterrühren.
**3.** Den Teig gleichmäßig in die vorbereitete Form füllen. 35 Minuten backen. Der Kuchen ist fertig, wenn man ein Holzstäbchen in die Mitte steckt und dies beim Herausziehen sauber bleibt. Den Kuchen mindestens 10 Minuten ruhen lassen. Dann zum Auskühlen auf ein Kuchengitter stürzen. Mit Puderzucker bestäubt servieren oder mit einer Glasur Ihrer Wahl (siehe Seite 61) beträufeln.

**Hinweis:** Marzipan macht den Kuchen saftig und verleiht ihm ein kräftiges Mandelaroma. Mit einem Schlag Sahne servieren.

### TIP
Fertig abgepackte Marzipan-Rohmasse gehört inzwischen in fast jedem Supermarkt zum Standardangebot. Meist findet man sie in der Backwarenabteilung.

---

*Warmer Schokoladen-Marshmallow-Kuchen (oben) und Marzipan-Kirschkuchen mit Kokosraspel*

## Bananen-Aprikosen-Limonen-Kuchen

*Zubereitungszeit: 25 Min.*
*Backzeit: 35 Min.*
*Für 1 Napfkuchenform*

*150 g getrocknete Aprikosen, gewürfelt*
*1 Fertig-Backmischung Rührteig*
*Buttermilch oder Milch*
*2 Bananen, zerdrückt*
*2 Tropfen Vanillearoma*
*1 EL feingeriebene Limonenschale*

1. Ofen auf 180 °C vorheizen. Eine Napfkuchenform (Ø 22 cm) mit zerlassener Butter oder Öl einpinseln.
2. Aprikosen zum Einweichen in eine feuerfeste Schüssel geben. Mit kochendem Wasser übergießen und ziehen lassen, während man den Teig bearbeitet.
3. Die Fertig-Backmischung nach Anleitung zubereiten. Angegebene Flüssigkeit durch Buttermilch oder Milch ersetzen. Nacheinander Bananen, Vanillearoma, Limonenschale und abgetropfte Aprikosen unterrühren. Den Teig gleichmäßig in die vorbereitete Form füllen und mit einem Spatel glattstreichen. 35 Minuten backen. Vor dem Herausnehmen die Stäbchenprobe durchführen. Der Kuchen ist fertig, wenn man ein Holzstäbchen in die Mitte steckt und dies beim Herausziehen sauber bleibt.

**Hinweis:** Nach Wunsch ausgekühlten Kuchen mit einer Puderzucker-Glasur (siehe Seite 61) überziehen.

## Jaffamuffins

*Zubereitungszeit: 20 Min.*
*Backzeit: 15 Min.*
*Ergibt ca. 12 Stück*

*1 Fertig-Backmischung Schokoladenkuchen*
*2 EL feingeriebene Orangenschale*
**Zuckerguß**
*60 g Butter*
*60 g Puderzucker*
*1 EL Kakaopulver*
*2–3 TL frischgepreßter Orangensaft*

1. Ofen auf 180 °C vorheizen. Ein Muffinblech mit 12 Vertiefungen mit Kuchenförmchen aus Papier auslegen. Die Backmischung nach Anleitung zubereiten. Orangenschale unterrühren. Den Teig gleichmäßig verteilen, dabei die Förmchen gut zur Hälfte füllen. Restteig (siehe Hinweis) auf ein zweites Blech geben oder weitere Muffins in einem zweiten Durchgang backen.
2. Ca. 15 Minuten backen. Bei einzelnen Muffins zur Überprüfung die Stäbchenprobe durchführen. Sie sind fertig, wenn man ein Holzstäbchen in die Mitte des Teiges steckt und dies beim Herausziehen sauber bleibt. Die Muffins ca. 5 Minuten ruhen lassen. Dann zum Auskühlen auf ein Kuchengitter setzen.
3. *Für den Zuckerguß:* Butter und Zucker mit dem elektrischen Rührgerät in einer kleinen Schüssel zu einer hellen, cremigen Masse schlagen. Kakao und Orangensaft zugeben und gut unterrühren. Muffins mit dem Zuckerguß bestreichen und mit kandierter Orangenschale oder Schokoladenfrüchten garnieren.

**Hinweis:** Die Anzahl der Muffins hängt von der Größe der verwendeten Fertig-Backmischung ab.

---

*Jaffamuffins (oben)*
*und Bananen-Aprikosen-Limonen-Kuchen*

❖ SCHNELLE RÜHRKUCHEN ❖

❖ SCHNELLE RÜHRKUCHEN ❖

## Karamelisierter Kokos-Walnuß-Kuchen

*Zubereitungszeit:*
*25 Min.*
*Backzeit: 35–40 Min.*
*Für 1 Springform*

50 g brauner Zucker
20 g Kokosflocken
60 g Walnüsse, gehackt
40 g Butter, geschmolzen
2 EL Rohrzuckersirup
1 Fertig-Backmischung Rührteig
60 ml Madeira

**1.** Ofen auf 180 °C vorheizen. Eine Springform (Ø 22 cm) mit zerlassener Butter oder Öl einpinseln. Boden und Rand mit Backpapier auslegen.
**2.** Zucker, Kokosflocken, Walnüsse, Butter und Sirup in einer kleinen Schüssel gut miteinander vermischen. Hände leicht befeuchten und die Mischung gleichmäßig auf dem Boden der vorbereiteten Form verteilen.
**3.** Die Fertig-Backmischung nach Anleitung zubereiten. Zum Schluß den Madeira unterziehen. Den Teig auf die Nußmischung in der Form füllen und mit einem Spatel glattstreichen. 35–40 Minuten backen. Der Kuchen ist fertig, wenn man ein Holzstäbchen in die Mitte steckt und dies beim Herausziehen sauber bleibt. Ca. 5 Minuten ruhen lassen. Dann zum Auskühlen auf ein Kuchengitter stürzen. Kann auch warm mit Eiscreme oder Sahne serviert werden.
**Variante:** Nach Wunsch Walnüsse durch Pekan- oder Macadamianüsse ersetzen. Sind Kokosflocken nicht erhältlich, Kokosraspel verwenden.

## Orangen-Pflaumen-Kuchen

*Zubereitungszeit:*
*30 Min.*
*Backzeit: 35–40 Min.*
*Für 1 quadratische Backform*

15 Pflaumen, entsteint und gehackt
80 ml Marsala
1 Fertig-Backmischung Rührteig
Buttermilch oder Milch
3 TL feingeriebene Orangenschale

**1.** Ofen auf 180 °C vorheizen. Eine quadratische Backform (ca. 20 cm) mit zerlassener Butter oder Öl einpinseln. Boden und Ränder mit Backpapier auslegen.
**2.** Gehackte Pflaumen und Marsala in einem kleinen Topf mischen. Leise köcheln lassen, bis die Pflaumen die gesamte Flüssigkeit aufgenommen haben. Hierfür kann auch die Mikrowelle verwendet werden. Gerät für 1–2 Minuten auf höchste Stufe stellen und Pflaumen in kurzen Intervallen erwärmen.
**3.** Die Fertig-Backmischung nach Anleitung zubereiten. Angegebene Flüssigkeit durch Buttermilch oder Milch ersetzen. Orangenschale und Pflaumen unterrühren. Den Teig in die Form füllen und glattstreichen. 35–40 Minuten backen. Der Kuchen ist fertig, wenn man ein Holzstäbchen in die Mitte steckt und dies beim Herausziehen sauber bleibt. Ca. 10 Minuten ruhen lassen, dann zum Auskühlen auf ein Kuchengitter stürzen.

**Hinweis:** Nach Wunsch Kuchen mit Zuckerguß bestreichen, entweder mit dem Guß aus der Backmischung, dem 2 TL geriebene Orangenschale zugegeben werden, oder mit einem Zuckerguß von den Seiten 58–63.

---

*Orangen-Pflaumen-Kuchen (oben)*
*und Karamelisierter Kokos-Walnuß-Kuchen*

❖ SCHNELLE RÜHRKUCHEN ❖

## Marmorkuchen

*Zubereitungszeit:
20 Min.
Backzeit: 35 Min.
Für 1 Napfkuchenform*

1 Fertig-Backmischung
  Rührteig
1 EL dunkles Kakaopulver
2 TL Milch
rote Lebensmittelfarbe
3 TL feingeriebene Orangenschale

**1.** Ofen auf 180 °C vorheizen. Eine Napfkuchenform (Ø 22 cm) mit zerlassener Butter oder Öl einpinseln. Die Backmischung nach Anleitung zubereiten; Teig auf drei Schüsseln verteilen.
**2.** In eine der Schüsseln Kakao und Milch zufügen und vorsichtig zu einem glatten Teig verarbeiten. In die zweite Schüssel einige Tropfen rote Lebensmittelfarbe geben und verrühren. In die letzte Schüssel geriebene Orangenschale unterrühren.
**3.** Die drei Mischungen in beliebiger Abfolge in die Form füllen. Ein Holzstäbchen durch den Teig ziehen, so daß eine Marmorierung entsteht. Die Oberfläche leicht glattstreichen. 35 Minuten backen. Der Kuchen ist fertig, wenn man ein Holzstäbchen in die Mitte steckt und dies beim Herausziehen sauber bleibt. Den Kuchen mindestens 10 Minuten ruhen lassen. Zum Auskühlen auf ein Kuchengitter stürzen. Mit Puderzucker bestäubt servieren oder mit einer Puderzucker-Glasur Ihrer Wahl (siehe Seite 61) beträufeln und mit etwas Zimt bestäuben.

## Schokoladen-Mandel-Kuchen

*Zubereitungszeit:
20 Min.
Backzeit: 25–30 Min.
Für 1 rechteckige Backform*

1 Fertig-Backmischung
  Schokoladenkuchen
60 g gemahlene Mandeln
25 g Mandelblättchen
90 g Schokoladenstücke
  (von weißer, dunkler oder
  von Milchschokolade oder
  eine Mischung aller drei)

**1.** Ofen auf 180 °C vorheizen. Eine rechteckige Backform (ca. 18 x 28 cm) mit zerlassener Butter oder Öl einpinseln. Boden und Ränder mit Backpapier auslegen. Die Fertig-Backmischung nach Anleitung zubereiten. Gemahlene Mandeln unterheben.
**2.** Den Teig in die Form füllen und mit einem Spatel leicht glattstreichen. Mandelblättchen mit Schokoladenstücken mischen und über den Teig streuen. 25–30 Minuten backen. Zur Überprüfung die Stäbchenprobe durchführen: Der Kuchen ist fertig, wenn man ein Holzstäbchen in die Mitte steckt und dies beim Herausziehen sauber bleibt. Mindestens 10 Minuten ruhen lassen, dann zum Auskühlen auf ein Kuchengitter stürzen. In Vierecke oder Scheiben geschnitten servieren. Nach Wunsch mit etwas Puderzucker bestäuben.

### TIP
Verwenden Sie alternativ eine Backmischung für Blaubeer-Muffins oder Muffins American Style. Sie sind in gut sortierten Supermärkten erhältlich.

*Schokoladen-Mandel-Kuchen (oben)
und Marmorkuchen*

❖ SCHNELLE RÜHRKUCHEN ❖

# Zuckergüsse, Saucen und Glasuren

Alle Rezepte in diesem Buch ergeben auch ohne Dekoration köstliche Kuchen. Manchmal aber – zu besonderen Gelegenheiten – möchte man den Kuchen vielleicht auch besonders schön verzieren. Zu diesem Zweck finden Sie auf den folgenden Seiten eine Auswahl verschiedener Zuckergüsse, Saucen und Glasuren. Eine Dekoration kann ganz einfach sein. Manchmal reicht es, den Kuchen mit etwas Puderzucker oder Kakaopulver zu bestäuben und dabei eventuell auch eine Tortenspitze, aus Backpapier geschnittene Streifen oder eine Papp-Schablone unterzulegen. Vielleicht bestreichen Sie Ihren Kuchen auch nur mit einer Mischung aus geschmolzener Marmelade und einem Hauch Brandy. Oder Sie dekorieren Ihren Kuchen mit frischem Obst wie Beerenfrüchten oder Mangoscheiben. Ebenso wirkungsvoll und einfach ist eine Dekoration aus Pralinen, Schokolade, Nüssen, Zitrusschalen oder kandierten Früchten. Denken Sie beim Verzieren daran: Mit wenig Aufwand erzielt man oft die besten Ergebnisse. Zu einem köstlichen Dessert verwandeln Sie den Kuchen durch ein wenig Schokoladen- oder Karamelsauce. Und am Abend können Sie Ihre Gäste verwöhnen, indem Sie Ihren Kuchen warm mit Vanillepudding und Sahne servieren.

## Zitronensirup

*375 g feiner Zucker*
*80 ml Zitronen-, Limonen-, Orangen- oder Mandarinensaft*
*80 ml Wasser*
*3 Streifen Zitrusschale (Sie können dafür jede Zitrusfrucht verwenden.)*

1. Alle Zutaten in einem Topf mischen. Bei schwacher Hitze Zucker unter Rühren auflösen. Dann zum Kochen bringen, Hitze reduzieren und ca. 12–15 Minuten köcheln, bis die Masse eindickt.
2. Die Zitrusschale entfernen und den heißen Sirup über den ausgekühlten Kuchen gießen bzw. kalten Sirup über den warmen Kuchen.

## Fruchtglasuren

Sehr lecker sind auch Fruchtglasuren. Einfach Marmelade Ihrer Wahl mit etwas Brandy in einem Topf erwärmen (Sie können auch Gelee verwenden). Eventuell durch ein Sieb streichen und dann großzügig auf den Kuchen pinseln.

## Fruchtgeleeglasur

*110 g Gelee*
*2 TL Brandy*

Gelee und Brandy in einem kleinen Topf mischen. Bei schwacher Hitze Gelee unter Rühren auflösen. Vom Herd nehmen und noch warm auf den Kuchen streichen.

## Marmeladenglasur

*80 g Marmelade*
*3 TL Brandy*

Marmelade und Brandy in einem Topf mischen. Bei schwacher Hitze unter Rühren auflösen (ca. 3 Minuten) und zum Kochen bringen. Eventuell durch ein Sieb streichen. Noch warm auf den warmen Kuchen streichen.

*Im Uhrzeigersinn von oben links: Schokoladensauce; Karamelsauce; Zitronensirup; Fruchtgeleeglasur; Marmeladenglasur; Sahniger Schokoladenguß mit Pfefferminzblättchen*

## Sahniger Schokoladenguß

*150 g dunkle oder Vollmilchschokolade, gehackt*
*250 g saure Sahne*

Schokolade in einer feuerfesten Schüssel im Wasserbad vollständig schmelzen. Auf Zimmertemperatur abkühlen lassen. Saure Sahne in eine Schüssel geben. Abgekühlte, geschmolzene Schokolade unterziehen und alles zu einer glatten, cremigen Masse verrühren. Auf den Kuchen streichen.

## Karamelsauce

*60 g Butter*
*2 EL brauner Zucker*
*2 EL Rohrzuckersirup*
*80 ml Kondensmilch*
*170 ml Schlagsahne*

Alle Zutaten in einem Topf mischen. Bei schwacher Hitze verrühren, bis sich der Zucker aufgelöst hat, die Butter geschmolzen und eine glatte Masse entstanden ist. Heiße oder auf Zimmertemperatur abgekühlte Sauce über die Kuchenstücke gießen und servieren.

## Schokoladensauce

*100 g dunkle Schokolade, gehackt*
*80 ml Schlagsahne*

Schokolade und Sahne in einem Topf mischen. Bei schwacher Hitze verrühren, bis die Schokolade geschmolzen und eine glatte Masse entstanden ist. Vom Herd nehmen, leicht abkühlen lassen und über den Kuchen gießen.

❖ SCHNELLE RÜHRKUCHEN ❖

## Buttercreme

Mit dem elektrischen Rührgerät Butter und Puderzucker cremig schlagen. Restliche Zutaten zugeben. Weitere 2 Minuten zu einer lockeren, glatten Masse verrühren.

## Schokoladenbuttercreme de luxe

60 g Butter
40 g Puderzucker, gesiebt
60 g dunkle Schokolade, geschmolzen

## Zitronenbuttercreme

60 g Butter
40 g Puderzucker, gesiebt
2–3 TL feingeriebene Zitronenschale (nach Wunsch durch Limonen-, Orangen- oder Mandarinenschale ersetzen)

## Honigbuttercreme

60 g Butter
40 g Puderzucker, gesiebt
2–3 TL Honig

## Einfache Schokoladenbuttercreme

60 g Butter
60 g Puderzucker, gesiebt
2 EL Kakaopulver
2 TL Milch

## Vanillebuttercreme

60 g Butter
40 g Puderzucker, gesiebt
4 Tropfen Vanillearoma

---

*Im Uhrzeigersinn von oben links: Honigbuttercreme mit gehackten gebrannten Mandeln; Einfache Schokoladenbuttercreme mit Schokoladenplätzchen; Vanillebuttercreme mit frischen Beerenfrüchten; Zitronenbuttercreme mit kandierten Zitrusschalen*

❖ SCHNELLE RÜHRKUCHEN ❖

## Grundrezept für Glasuren

Puderzucker, Aroma, Butter und ausreichend Flüssigkeit in einer kleinen feuerfesten Schüssel zu einer festen Masse verrühren. Über dem heißen Wasserbad solange rühren, bis der Guß glatt und glänzend ist.

## Passionsfruchtglasur

*125 g Puderzucker, gesiebt*
*1–2 EL Fruchtfleisch einer frischen Passionsfrucht*
*10 g Butter*

## Zitronenglasur

*125 g Puderzucker, gesiebt*
*1–2 TL feingeriebene Zitronenschale (nach Wunsch durch Orangen-, Limonen- oder Mandarinenschale ersetzen)*
*10 g Butter*
*1–2 EL frischgepreßter Zitronensaft*

## Zitronen-Ingwer-Glasur

*40 g Puderzucker, gesiebt*
*½–1 TL gemahlener Ingwer*
*20 g Butter*
*2 TL Milch*
*1 TL Zitronensaft*

## Schokoladenglasur

*125 g Puderzucker, gesiebt*
*1 EL Kakaopulver*
*10 g Butter*
*1–2 EL heiße Milch*

## Mokkaglasur

*125 g Puderzucker, gesiebt*
*1–2 TL Instant-Kaffeepulver*
*10 g Butter*
*1–2 EL Wasser*

---

*Im Uhrzeigersinn von oben links: Zitronen-Ingwer-Glasur mit gehackten Haselnüssen; Mokkaglasur mit Kaffeebohnen; Passionsfruchtglasur; Zitronenglasur mit gehackten Paranüssen*

❖ SCHNELLE RÜHRKUCHEN ❖

Im Uhrzeigersinn von oben links: Zitronen-Frischkäse mit gezuckerten Fliederblüten; Honig-Frischkäse mit weißen Schokoblättchen und Mango; Passionsfrucht-Frischkäse mit Fruchtfleisch der Passionsfrucht; einfacher Frischkäseguß mit kandierten Früchten

## Grundrezept für Frischkäseguß

Ein Frischkäseguß ist wunderbar weich und cremig. Der Frischkäse sollte Zimmertemperatur haben, da er sich dann leichter verarbeiten läßt. Mit dem elektrischen Rührgerät Frischkäse und Puderzucker in einer kleinen Schüssel hell und cremig schlagen. Restliche Zutaten zugeben. Weitere 2 Minuten schlagen, bis eine glatte, lockere Masse entstanden ist.

## Passionsfrucht-Frischkäseguß

*100 g Frischkäse*
*90 g Puderzucker, gesiebt*
*1–2 EL Fruchtfleisch einer frischen Passionsfrucht*

## Honig-Frischkäse-Guß

*100 g Frischkäse*
*90 g Puderzucker, gesiebt*
*1–2 TL Honig, erwärmt*
*2 TL Milch*

## Zitronen-Frischkäseguß

*100 g Frischkäse*
*90 g Puderzucker, gesiebt*
*1–2 TL feingeriebene Zitronenschale (nach Wunsch durch Orangen-, Limonen- oder Mandarinenschale ersetzen)*
*2 TL Milch*

## Schokoladenguß de luxe

60 g Butter
100 g dunkle Schokolade, gehackt
1 EL Schlagsahne

Butter, Schokolade und Sahne in einer kleinen feuerfesten Schüssel mischen. Anschließend im heißen Wasserbad solange verrühren, bis Butter und Schokolade geschmolzen sind und eine glatte Masse entstanden ist. Leicht abkühlen lassen, bis die Masse streichfähig ist. Zum Bestreichen des Kuchens am besten ein Messer mit einer breiten Klinge verwenden.

## Ingwerguß

60 g Butter
1 EL Rohrzuckersirup
1 EL kandierter Ingwer, feingehackt
80 g brauner Zucker
2 EL Milch
185 g Puderzucker, gesiebt

Butter, Sirup, Ingwer und Zucker in einem Topf mischen. Bei schwacher Hitze unter Rühren zum Schmelzen bringen. Mit einem Holzlöffel 1 EL Milch und gerade soviel Puderzucker unterrühren, daß ein streichfähiger Guß entsteht. Ist der Guß zu fest, noch etwas Milch zugießen, um die gewünschte Konsistenz zu erhalten.

*Von links nach rechts: Schokoladenguß de luxe mit dunkler Raspelschokolade; Ingwerguß mit kandierten Ingwerscheiben; Schokoladenguß mit saurer Sahne mit Silberdragees*

## Schokoladenguß mit saurer Sahne

200 g Vollmilchschokolade, gehackt
90 g Schlagsahne

Schokolade und saure Sahne in einem kleinen Topf mischen. Bei schwacher Hitze solange verrühren, bis die Schokolade geschmolzen und eine glatte Masse entstanden ist. Vom Herd nehmen. Leicht abkühlen lassen und über den Kuchen streichen.

# REGISTER

Ananas-Bananen-Kuchen 26

Apfelkuchen 45

Apfel-Zimt-Kuchen 13

Aprikosen-Kokos-Rolle 6

Bananen-Aprikosen-Limonen-Kuchen 52

Bananen-Gewürz-kuchen 13

Bananen-Nuß-Brot 9

Beschwipster Schokoladen-kuchen 41

Birnen-Pekannuß-Kuchen 25

Blaubeerkuchen 21

Buttercreme 60

Dunkler Schokoladen-kuchen 26

Erdbeer-Sahne-Kuchen 48

Fertig-Backmischungen 48-57

Frischkäseguß 62

Fruchtglasuren 58

Früchtebrot 10

Gefrorener Mousse-kuchen 22

Gefüllter Schokoladen-kuchen 37

Gewürzkuchen mit Pekannüssen 14

Glasuren 58, 61

Himbeer-Passionsfrucht-Kuchen 38

Ingwerguß 63

Ingwerkuchen 45

Italienische Schokoladen-terrine 18

Jaffamuffins 52

Jaffakuchen 34

Karamelisierter Kokos-Walnuß-Kuchen 55

Karamelsauce 59

Kokoskuchen 33

Kürbiskranz mit Kardamom 6

Lebkuchen mit getrockneten Datteln 5

Mandarinen-Grapefruit-Kuchen 42

Mandel-Rum-Torte 29

Marmorkuchen 56

Marzipan-Kirsch-kuchen mit Kokos-raspel 51

Mohrrübenkuchen 46

Mohrrübenkuchen mit Pekannüssen 33

Mokkakuchen mit saurer Sahne 29

Orangen-Mohn-Kuchen 14

Orangen-Pflaumen-Kuchen 55

Orangen-Rosinen-Kuchen 17

Orangen-Sultaninen-Kuchen mit Brandy 25

Pekannuß-Karamel-Kuchen 17

Pekannußkuchen 30

Pekannußkuchen mit Ahornsirup 34

Runde Küchlein mit saurer Sahne 9

Saucen 59

Schokoladenguß 59, 63

Schokoladenkuchen de luxe 46

Schokoladenkuchen mit Erdnüssen und Sultaninen 42

Schokoladenkuchen mit saurer Sahne 2

Schokoladen-Mandel-Kuchen 56

Schokoladensauce 59

Streuselkuchen mit Kardamom 38

Tutti-Frutti-Kuchen 18

Vanille-Sahne-Kuchen 21

Warmer Schokoladen-Marshmallow-Kuchen 51

Zitronen-Kokos-Kuchen 5

Zitronen-Polenta-Kuchen 10

Zitronensirup 58

Zucchini-Haselnuß-Kuchen 37